dathlu Gŵyl Ddewi

Elin Meek

 GWASG CARREG GWALCH

Argraffiad cyntaf: Rhagfyr 2006
Ⓒ y testun: Gwasg Carreg Gwalch ac Elin Meek 2006
Ⓒ y cerddi: yr awduron 2006

Rhif Llyfr Safonol Rhyngwladol 10: 1-84527-015-0
Rhif Llyfr Safonol Rhyngwladol 13: 978-184527-015-5

Cyhoeddwyd gan Wasg Carreg Gwalch, 12 Iard yr Orsaf, Dyffryn Conwy, Cymru LL26 0EH.
ffôn: 01492642031
ffacs: 01492641502
e-bost: llyfrau@carreg-gwalch.co.uk
lle ar y we: www.carreg-gwalch.co.uk

Testun
Elin Meek

Golygydd
Gordon Jones

Diolchiadau
I blant ac athrawon Ysgol Pentreuchaf, Llŷn; Ysgol Bro Plenydd, Y Ffôr; Ysgol Rhostryfan; Ysgol Gymraeg Dewi Sant, Llanelli: Ysgol Gymraeg Dewi Sant, Y Rhyl; Ysgol y Gorlan, Tremadog: Ysgol Dolbadarn, Llanberis; Ysgol Llanbedrog.

I Gaenor Jones, Gwenda Morris a Ruth Jên Evans am syniadau crefftau. Teulu Perkins, Rhosgadw, Tyddewi (fferm cennin Pedr). Welsh Tartan Centres, Caerdydd. Deiniol Thomas, Menter Iaith Conwy. Gwenfudd James, Caio. Paul Boland, yr Ymddiriedolaeth Genedlaethol, Llanerchaeron. Y Tra Pharchedig J. Wyn Evans, Deon a'r Gwir Barchedig Carl Cooper, Esgob Tyddewi. Croeso Cymru. Clwb Criced Morgannwg. Parc Cenedlaethol Eryri. Cwmni Brains, Caerdydd. Clwb rygbi'r Scarlets, Llanelli. Cwmni Felinfoel, Llanelli. Riwannon Kervella, Llydaw. Rhisiart Hincks. Idris a Lynda Hughes, Dyffryn Comox, Ynys Vancouver, Canada. Gareth G. Jones, gynt o Taiwan. Henry Jones-Davies, Cambria. Dewi Pws. Twm Morys. Iwan Llwyd. Meirion McIntyre Huws, Anne Hunt, Cymdeithas Cymry Manceinion. David Price, Arizona. Katharine Lewis, Alberta, Canada. Angela Evans, Atlanta, Georgia. Dilys Anderson, Melbourne, Awstralia. Catrin Brace, Efrog Newydd. Lynda Ganatsiou, Gwlad Groeg.

Ffotograffau
Ⓒ Myrddin ap Dafydd: 21, 46, 48, 49ch, 54, 60, 61t&c, 64t & gch, 65cch, cdd, gch; 70, 71, 74, 75gch.
Ⓒ Croeso Cymru: 49t, 66.
Ⓒ Sion Ilar: 64gdd
Ⓒ Elin Meek: 8–10, 17, 42, 47dd, 51dd, 56ch, 72ch.
Ⓒ Clwb Criced Morgannwg: 52
Ⓒ Arvid Parry Jones: 50, 51ch, 58–59, 67t.
Ⓒ Deiniol Thomas: 74.
Ⓒ Keith Morris: 75.
Ⓒ Photolibrary Wales: 40–41, 47ch.
Ⓒ Cambria: 65gch, 75t, 78g.
Ⓒ Ysgol Gymraeg Dewi Sant, Llanelli 44, 72gch.
Ⓒ Llyfrgell Genedlaethol Cymru 61gch & dd, 63g.

Lluniau
Ⓒ James Field: 6–9, 11–16, 18.
Ⓒ Graham Howells: 4, 5, 10, 19–20, 22–31, 33, 34.
Ⓒ Robin Lawrie: 36–39, 43, 45–46, 52, 54–55, 68–69.
Ⓒ Gelder Design & Mapping: 37

Crefftau
Ⓒ Ruth Jên Evans: 50–51, 58–59.

Dylunio
Cyngor Llyfrau Cymru

Dymuna'r cyhoeddwyr gydnabod cymorth Adrannau Cyngor Llyfrau Cymru

Argraffwyd yng Ngwlad Belg gan Proost

cynnwys

cyflwyniad

Dewi Sant, Nawddsant Cymru. Dyna'r dyn arbennig y byddwn ni'n ei gofio bob blwyddyn ar y cyntaf o Fawrth. Byddwn ni'r Cymry yn dathlu mewn ffordd arbennig, yma yng Nghymru ac ym mhedwar ban y byd. Yn y llyfr hwn, byddwn yn edrych ar sut mae gwahanol bobl yn dathlu ac yn ceisio ateb nifer o gwestiynau. Er enghraifft, pwy oedd Dewi Sant mewn gwirionedd? Pam rydyn ni'n ei gofio fel hyn? Pam rydyn ni'n gwisgo cenhinen neu genhinen Bedr ac yn chwifio baner y ddraig goch? Sut datblygodd y wisg Gymreig? Byddwn yn cynnig syniadau yma ar gyfer eich dathliadau chi.

Mae bron i fil pum cant o flynyddoedd wedi mynd heibio ers cyfnod Dewi Sant. Mewn gwirionedd, ychydig o ffeithiau hanesyddol sydd gennym amdano. Roedd e'n byw yn y chweched ganrif, ac mae'n debyg iddo farw ar Fawrth y cyntaf, 589. Felly, dyna pam y byddwn yn cofio amdano ar y dyddiad arbennig hwnnw. Lleian o'r enw Non oedd ei fam. Mae Dydd Gŵyl Non, mam Dewi, ar y trydydd o Fawrth. Mae'n debyg mai Sant oedd enw tad Dewi ac roedd e'n frenin ar Geredigion. Mae rhai pobl yn credu bod Dewi'n disgyn o linach Cunedda Wledig, oedd yn filwr yn yr Hen Ogledd, sef ardal de'r Alban a gogledd Lloegr heddiw, lle roedd llawer o'r hen Gymry'n byw.

Roedd Dewi'n byw yn ne Ceredigion a gogledd Sir Benfro ac, wrth gwrs, yn yr ardal a elwir yn Nhyddewi heddiw. Roedd e'n fynach a sefydlodd fyachlog ym Mynyw, hen enw ar Dyddewi. Ac mae'n debyg mai yn nhir y fynachlog honno, lle mae Eglwys Gadeiriol Tyddewi heddiw, y cafodd ei gladdu.

Straeon neu chwedlau yw pob darn arall o wybodaeth sydd gennym am Dewi. Roedd pobl y cyfnod yn sylweddoli ei fod yn ddyn arbennig iawn felly, ar ôl iddo farw, dechreuon nhw greu straeon rhyfeddol amdano. Doedd hi ddim yn bwysig a oedd y straeon hyn yn wir ai peidio. Y peth pwysig oedd dangos pa mor wych oedd Dewi. Mae'r straeon i gyd yn sôn am Dewi fel dyn ardderchog a oedd yn credu yn Nuw, yn gofalu am eraill ac yn arwain ei bobl.

Llyfr o'r enw Buchedd Dewi (Bywyd Dewi) yw'r llyfr hynaf sydd gennym yn sôn am Dewi. Cafodd ei ysgrifennu yn 1090 gan Rhygyfarch, Esgob Tyddewi, bum can mlynedd ar ôl i Dewi farw. Felly, mae'n debyg mai cymysgedd o ffeithiau go iawn a chwedlau oedd wedi datblygu dros y canrifoedd sydd yn y llyfr hwn.

oes y saint

Roedd Oes y Saint yn gyfnod diddorol iawn yn hanes Cymru. Newydd ddod i wybod
am Gristnogaeth roedd Cymry'r chweched ganrif, ac roedd yn grefydd newydd a
chyffrous. Yn wreiddiol, daeth pobl o ardal Môr y Canoldir â Christnogaeth i'r
gwledydd Celtaidd, sef Llydaw, Iwerddon, Cymru, Cernyw, yr Alban ac Ynys Manaw.
Yna, teithiodd dynion a merched ifainc o deuluoedd pwysig y gwledydd hyn o un wlad
i'r llall yn rhoi gwybod i bobl am Iesu Grist a Duw. Bydden nhw'n cerdded o fan i fan ar
hen lwybrau ac yn teithio dros y môr mewn llongau bychain. Cyfnod llawn bwrlwm
oedd hwn, a barhaodd am bum can mlynedd.

Cafodd y bobl hyn eu galw'n saint neu seintiau oherwydd eu bod yn byw fel mynachod neu leianod, ac yn cael eu hystyried yn sanctaidd. Byddai'r sant Celtaidd yn ffoi o dref neu bentref ac yn encilio i rywle distaw i fyw bywyd syml. Yno byddai'n sefydlu 'cell' neu 'llan', sef cwt cysgodol i fyw ynddo a darn o dir i dyfu bwyd. Yno, byddai'n gweddïo, darllen y Beibl a gwneud copïau ohono, ac ymprydio (byw heb fwyd, ar ddŵr yn unig). Byddai'r sant hefyd yn pregethu yn yr ardal, ac yn raddol, byddai pobl eraill yn dod i ymuno ag ef neu hi. Wedyn, byddai angen codi mwy o gelloedd a chlirio mwy o dir i dyfu mwy o fwyd. Yn aml iawn, bydden nhw hefyd yn codi adeilad i gynnig lloches i deithwyr a phobl sâl.

saint yn setlo

Yn raddol, felly, byddai cymuned fach yn tyfu, a chapel o bren neu gerrig yn cael ei adeiladu lle gallai holl aelodau'r gymuned gwrdd i weddïo'n gyson. Roedd rhai cymunedau'n fychan, gyda thua deg o bobl ynddynt, ond roedd eraill yn enfawr, gyda channoedd neu hyd yn oed filoedd o fynachod a lleianod ynddynt. Yn aml iawn, byddai'r gymuned yn cael ei galw ar ôl y sant a'i sefydlodd, gyda'r enw 'Llan' yn dangos hynny yng Nghymru: Llandeilo (Teilo); Llanarmon (Garmon); Llanilltud (Illtud).

Gallarus Oratory, Eglwys Geltaidd y Dingle, Kerry, Iwerddon

Roedd lle pwysig iawn i fenywod yn y cymunedau Celtaidd hyn, ac weithiau menywod oedd yn bennaeth arnynt. Mae enwau lleoedd yng Nghymru'n dangos hyn: Llanelli (Santes Elli); Llanddwyn (Santes Dwynwen). Fel Dwynwen, a sefydlodd ei chymuned ar ynys (Ynys Llanddwyn), bu seintiau eraill yn byw ar ynysoedd, er enghraifft Cybi (Ynys Cybi) a Seiriol (Ynys Seiriol) a Cwyfan.

Roedd y mynachod a'r lleianod yn cwrdd unwaith y dydd i addoli, ac yn mynd yn ôl wedyn i'w celloedd eu hunain i weddïo ac astudio. Roedd astudio'r Salmau'n bwysig iawn i'r saint Celtaidd. Roedden nhw'n dysgu pob un o'r Salmau ar eu cof – cant a hanner ohonynt, ac weithiau byddai'n rhaid adrodd hanner cant ar yr un pryd. Mae'n swnio'n llawer gwaeth na llefaru yn Eisteddfod yr Urdd!

Eglwys Sant Cwyfan

BYWYDAU'R SAINT

Roedd y mynachlogydd mawr yn denu disgyblion – sef plant y teuluoedd brenhinol a'r perchnogion tir lleol – i ddysgu darllen, ysgrifennu, canu a mwynhau llenyddiaeth, arlunio a cherddoriaeth. Byddai'r disgyblion hefyd yn gweithio ar y tir, yn gweddïo ac yn astudio. Felly roedden nhw'n rhyw fath o ysgolion preswyl i blant teuluoedd cyfoethog y cyfnod.

Yn aml iawn, roedd croesau'n cael eu codi gerllaw'r llannau ac mae nifer o enghreifftiau rhagorol o'r rhain yng Nghymru. Un o'r hynaf yw'r garreg ar Ynys Bŷr ger Dinbych-y-pysgod. Mae hi'n dangos croes, ac oddi tani mae neges yn iaith Ogam ac mewn Lladin yn gofyn i bawb sy'n mynd heibio weddïo dros y sant Cadog. Mae llawer o'r croesau'n dal iawn, gyda'r patrymau'n gywrain – fel croes Nanhyfer, yng ngogledd Sir Benfro.

Croes Nanhyfer

10

Mae llawer o drysorau eraill yn gysylltiedig ag Oes y Saint, fel 'Llyfr Kells', a gafodd ei ysgrifennu a'i orliwio ar ynys Iona yn yr Alban cyn ei symud i fynachlog yn Kells yn Iwerddon.

Roedd Cymru'n enwog am ei seintiau Celtaidd, fel Dyfrig, a fu'n Abad ar Ynys Bŷr. Roedd Illtud hefyd yn enwog yn ei ddydd. Byddai llawer o ddisgyblion yn dod ato i Lanilltud Fawr i astudio athroniaeth, ysgrythur, barddoniaeth, celfyddyd a rhifyddeg. Un o ddisgyblion Illtud oedd Samson, a aeth i fyw i gymuned Dyfrig ar Ynys Bŷr. Teithiodd Samson wedyn i Iwerddon, Cernyw a Llydaw, gan gario'i lyfrau i gyd mewn cert. Ond yr enwocaf o holl seintiau Cymru, wrth gwrs, yw Dewi.

cyn geni dewi

Mae sawl chwedl am y cyfnod cyn i Dewi gael ei eni, a'r rheiny wedi eu llunio er mwyn dangos ei fod yn sant arbennig iawn. Mae sôn i Myrddin, y dewin, ragweld genedigaeth Dewi. Hefyd mae chwedl am Padrig, nawddsant Iwerddon, yn cael gwybod ymlaen llaw y byddai Dewi'n cael ei eni. Roedd Padrig eisiau sefydlu cymuned yn Nhyddewi, ond dywedodd angel wrtho fod sant arall yn mynd i wneud hynny mewn 30 mlynedd. Efallai mai diben y chwedl hon yw dangos bod Dewi'n sant pwysicach i'r Cymry na Padrig. Mae adfeilion capel Padrig ger Traeth Mawr, Tyddewi.

Tua'r un adeg daeth angel i ymweld â Sant, Brenin Ceredigion, i ddweud wrtho y byddai mab arbennig yn cael ei eni iddo ymhen 30 mlynedd. Dywedodd yr angel y byddai Sant yn cael tair anrheg wrth hela ger afon Teifi. Yn gyntaf, wrth ddod at lan yr afon, byddai'n lladd carw. Yn ail, wrth bysgota, byddai'n dal eog mawr. Yn drydydd, byddai'n dod o hyd i haid o wenyn a byddai'r crwybr yn llawn mêl melys.

Roedd y carw'n arwydd y byddai mab Sant yn ddyn cryf, ac yn gallu trechu pob drwg. Byddai ei fab hefyd, fel yr eog, yn byw bywyd syml. Byddai'n gallu byw ar fara a dŵr heb fagu bol fel dynion eraill wrth fwyta cig a braster. Roedd y mêl yn arwydd y byddai'n ddyn doeth iawn. Wedi dweud hyn, gofynnodd yr angel i Sant fynd â darn o'r carw, yr eog a'r diliau mêl i fynachlog Tŷ Gwyn, ar lethrau Carn Llidi ger Tyddewi (neu i fynachlog Mawgan, ger afon Teifi, medd rhai).

Roedd Sant wrth ei fodd â'r newyddion yma. I ffwrdd ag ef ar gefn ei geffyl i gyfeiriad afon Teifi. Cyn hir, gwelodd garw mawr yn rhedeg yn y goedwig. Cododd Sant ei fwa a saeth, anelu'n ofalus, a saethu'r carw'n farw gelain. Roedd Sant wedi cael un anrheg yn barod, ac roedd e ar ben ei ddigon. Roedd hi'n amlwg fod yr angel yn dweud y gwir!

Wedyn, penliniodd Sant ar lan yr afon Teifi a meddwl tybed sut gallai ddal eog. Rhoddodd ei ddwylo ar y glaswellt, a theimlo picell ar ei bwys! Cydiodd yn y bicell, a bron ar unwaith gwelodd eog chwim yn nofio tuag ato. Taflodd y bicell a gwanu'r eog yn ei ganol. Roedd dwy anrheg ganddo bellach.

Yn sydyn, clywodd Sant suo gwenyn o'i gwmpas. Roedden nhw wedi nythu mewn ceudwll mewn coeden gerllaw. Doedd Sant ddim yn rhy hoff o wenyn, ond mentrodd roi ei law yn y ceudwll. Pan dynnodd y crwybr allan, gwelodd y mêl yn diferu ohono. Ardderchog! Roedd Sant wedi cael y tair anrheg.

Aeth yn ddiolchgar i'r fynachlog â'r carw, yr eog a'r diliau mêl yn anrhegion i'r mynachod. Roedd popeth roedd yr angel wedi'i ddweud wedi dod yn wir. Nawr roedd rhaid iddo aros 30 mlynedd cyn i'w fab gael ei eni.

Gildas yn colli'i lais

Bara a dŵr yn unig oedd bwyd a diod Non pan oedd hi'n disgwyl Dewi. Byddai'n mynd i'r eglwys yn gyson i weddïo. Un bore, pan oedd ei baban ar fin cael ei eni, dyma hi'n mynd yno i wrando ar Gildas, un o seintiau enwocaf Cymru, yn pregethu.

Pan gododd Gildas i bregethu, ddaeth yr un gair o'i geg. Roedd yn methu'n deg â siarad. Dywedodd wrth bawb am fynd o'r eglwys, gan ei fod e'n amau bod rhywbeth o'i le. Efallai y byddai'n gallu pregethu petai'r eglwys yn wag. Cododd i bregethu'r eildro. Ond methu wnaeth e unwaith eto.

"Oes rhywun yn yr eglwys o hyd?" gofynnodd Gildas.

Gwelodd rywun yn dod o gornel dywyll yn yr eglwys. Non oedd hi.

"Non," meddai Gildas, "rwyt ti'n disgwyl mab a fydd yn sant llawer pwysicach na mi. Felly, alla i ddim pregethu pan fyddi di yn yr eglwys."

Dyna pryd y sylweddolodd Non ei bod yn cario plentyn arbennig iawn.

14

Yn y cyfamser roedd tad Non, y Brenin Cynyr, wedi bod yn ei gwylio'n ofalus. Roedd e'n gwybod bod Non yn disgwyl baban ac roedd e'n awyddus i wybod sut un fyddai e. Aeth at ddewin, a dywedodd hwnnw wrtho y byddai Non yn cael mab. Byddai'r mab hwnnw'n ddyn doeth a chryf, yn ddoethach a chryfach na'r brenin, hyd yn oed.

Roedd Cynyr yn gynddeiriog pan glywodd yr hanes am faban Non. Doedd e ddim eisiau i fab Non fod yn ddoethach a chryfach nag ef. Penderfynodd ddilyn Non – ac yn syth wedi i'r baban gael ei eni, byddai'n ei ladd.

GeNedigaeth dewi

Erbyn hyn, roedd Non yn cael poenau esgor gan fod y baban ar fin cael ei eni. Ond daeth storm enbyd i atal y Brenin Cynyr rhag dod ati. Roedd y glaw yn tasgu, y gwynt yn hyrddio a'r mellt yn fflachio. Ond yn sydyn, torrodd yr haul drwy'r cymylau a goleuo'r fan lle roedd Non yn esgor ar ei mab. Gwasgodd Non garreg yn dynn a gadawodd ei llaw ôl arni, yn union fel petai'n glai meddal.

Wrth i'r baban gael ei eni, saethodd mellten i'r ddaear, bwrw'r garreg lle roedd Non yn gorwedd, a'i hollti'n ddau ddarn. Llamodd un darn o'r garreg i'r awyr, a glanio ar y tir ger ei thraed. Yn y fan lle glaniodd y garreg, cafodd eglwys ei chodi, sef Capel Non. Mae'r adfeilion i'w gweld heddiw ar yr arfordir ger Tyddewi, yn ogystal â'r ffynnon a darddodd adeg geni Dewi. Ar un adeg, roedd dŵr y ffynnon hon yn cael ei ddefnyddio yn yr Eglwys Gadeiriol.

Yr Eglwys Non bresennol

Ffynnon Non

Adfeilion y Capel Non gwreiddiol

BEDYDD DEWI

Cafodd Dewi ei fedyddio ym Mhorth Clais, ger Tyddewi, lle mae aber afon Alun. Wrth i'r esgob Aelfyw (cefnder i Dewi, efallai), ei fedyddio, tasgodd y dŵr i lygad Movi, y mynach dall oedd yn dal y baban. Cafodd Movi ei olwg yn ôl a tharddodd ffynnon yn y fan a'r lle. Ffynnon Ddewi yw enw hon heddiw, er mai dim ond nant fechan sydd i'w gweld erbyn hyn.

Mae'n rhyfedd i ni fod cymaint o sôn am ffynhonnau yn y straeon hyn. Rydyn ni'n dueddol o gymryd dŵr yn ganiataol. Ond yn y cyfnod hwn, pan nad oedd cyflenwad dŵr yn dod i dai pobl, roedd ffynhonnau'n bwysig iawn. Petaen nhw'n sychu, byddai pobl yn marw o syched. Credai pobl hefyd bod rhai ffynhonnau'n sanctaidd a bod eu dŵr yn iacháu – yn enwedig anhwylderau ar y llygaid a chryd cymalau.

addysg dewi

Yn y chweched ganrif, ychydig iawn o blant oedd yn cael mynd i'r ysgol. Ond gan fod Dewi'n dod o deulu pwysig, cafodd y fraint o gael addysg. Mae'n debyg iddo fynd yn gyntaf i ysgol Henfynyw, ger Aberaeron, neu'r Tŷ Gwyn, ar lethrau Carn Llidi, ger Tyddewi. Tra oedd yn yr ysgol, byddai colomen â phig aur yn glanio ar ysgwydd Dewi bob dydd ac yn chwarae o'i gwmpas.

Ymhen tipyn, symudodd Dewi i ysgol y mynach Peulin, athro enwog iawn ar y pryd. Roedd yr ysgol draw yn y fynachlog yn Llanddeusant, sydd heddiw yng ngogledd Sir Gaerfyrddin. Roedd Peulin druan yn colli ei olwg a'i lygaid yn hynod boenus. Gofynnodd i Dewi osod ei ddwylo ar ei wyneb er mwyn ei wella, ac yn wir, pan wnaeth Dewi hyn, cafodd Peulin ei olwg yn ôl.

cenhadu dewi

Treuliodd Dewi amser gyda Peulin yn darllen y Beibl ac yn dysgu sut i gyflwyno'r newyddion da am Iesu Grist i eraill. Y gair am hyn yw *cenhadu*. Roedd llawer o waith cenhadu i'w wneud, felly aeth Dewi ar daith drwy dde Cymru a gorllewin Lloegr. Doedd hynny ddim yn waith hawdd yr adeg honno gan fod coedydd trwchus yn gorchuddio llawer o'r wlad, ac roedd teithio'n anodd dros ben. Roedd angen dyn penderfynol iawn i lwyddo, ac roedd Dewi'n ddyn penderfynol iawn. Roedd ganddo weledigaeth arbennig, sef rhoi seiliau cadarn i'r Eglwys Geltaidd a lledaenu'r neges am Iesu Grist.

Mae'n debyg y byddai Dewi'n arfer gwisgo dillad garw, a rhwymyn am ei ganol. Gwisgai gloch o amgylch ei wddf. Roedd y gloch hon yn enwog, mor enwog fel bod ganddi enw: Bangu. Mae'r rhan 'ban' o'r gair yn golygu uchel, fel 'banllef' – llef uchel, a 'Bannau Brycheiniog', y mynyddoedd uchel, a'r rhan 'cu' yn golygu annwyl, fel a welwn ni yn 'mam-gu' a 'tad-cu'. Felly, byddai pobl yn falch o glywed sŵn uchel ac annwyl Bangu ac yn tyrru i wrando ar Dewi'n pregethu.

eglwysi dewi

Mae ryw 60 o eglwysi wedi cael eu cysegru i Dewi, a nifer ohonynt yn dwyn yr enw Llanddewi. Mae pob un i'r de o Lanrhystud a Chlas ar Wy. Mae rhai ohonynt mewn lleoedd sydd bellach yn Lloegr – Sir Gaerloyw a Gwlad yr Haf – ac wyth yn Nyfnaint a Chernyw. Wrth gwrs, yn y cyfnod hwn, roedd math o hen Gymraeg yn cael ei siarad yn yr ardaloedd hyn, cyn i'r Eingl a'r Sacsoniaid ddod i ymosod ar y Cymry.

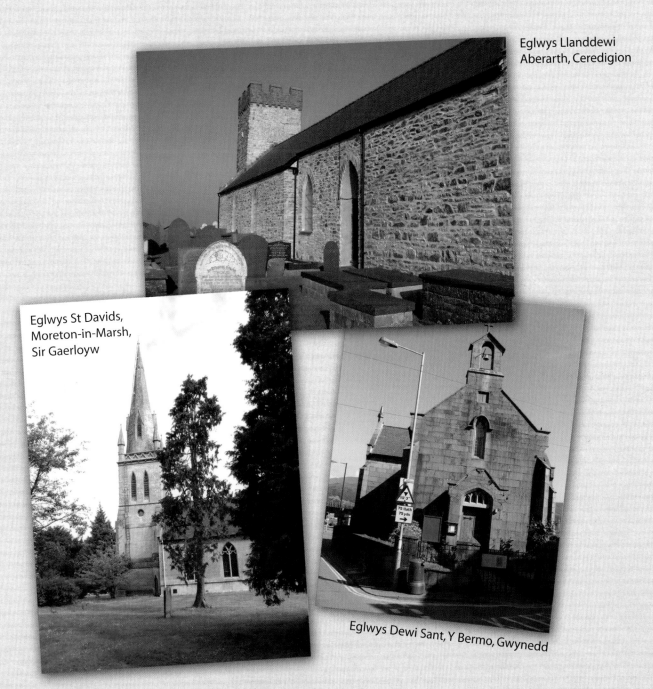

Eglwys Llanddewi Aberarth, Ceredigion

Eglwys St Davids, Moreton-in-Marsh, Sir Gaerloyw

Eglwys Dewi Sant, Y Bermo, Gwynedd

sefydlu cymuned yng nglyn Rhosyn

Cyn hir, roedd Dewi'n awyddus i sefydlu ei gymuned ei hun. Mae'n debyg mai angel a arweiniodd Dewi i ardal Mynyw, lle mae Tyddewi heddiw. Dewisodd Dewi fwrw'i wreiddiau yn nyffryn Glyn Rhosyn, ar lan afon Alun.

Ond, yn anffodus, roedd rhywun eisoes yn byw yno: Gwyddel pwysig o'r enw Boia. Roedd Boia'n bennaeth ar yr ardal ac yn byw gyferbyn â Glyn Rhosyn mewn hen gaer wag o'r Oes Haearn, a elwir yn Clegyr Boia heddiw. Yn naturiol, doedd e ddim yn hapus pan welodd fwg o dân roedd Dewi wedi'i gynnau'n chwyrlïo dros y tir. Bryd hynny, gallai rhywun oedd yn cynnau tân mewn ardal arbennig hawlio'r holl dir y byddai'r mwg yn ei orchuddio. Ac roedd hwn yn dân mawr! Dim rhyfedd fod Boia'n wyllt gacwn.

Penderfynodd Boia a'i wraig Satrapa gasglu eu dynion ynghyd i yrru Dewi o'r tir. Roedd nifer fawr ohonyn nhw, a dylen nhw fod wedi gallu trechu Dewi a'i griw bach o fynachod yn rhwydd. Ond pan welwyd Dewi gan ddynion Boia, allen nhw ddim ymladd ag ef a'i ddynion, dim ond ei watwar a gweiddi enwau arno. Wrth gerdded yn ôl i'r gaer, gwelsant fod holl anifeiliaid Boia'n gorwedd yn farw gelain yn y caeau. Rhoddodd hyn fraw mawr i Boia: roedd hi'n amlwg fod Dewi'n ddyn arbennig iawn oedd â galluoedd hudol. Aeth Boia yn ôl i ymddiheuro i Dewi, ac yn wir, erbyn iddo gerdded yn ôl i'r gaer, roedd Dewi wedi adfywio'r holl anifeiliaid ac roedden nhw'n pori'n dawel fel arfer.

Felly, cytunodd Boia i roi safle Glyn Rhosyn i Dewi. Ond nid oedd Satrapa'n fodlon o gwbl a dyma hi'n cynllwynio yn ei erbyn. Anfonodd ferched i nofio'n noeth yn afon Alun, i ddenu'r mynachod atynt, ond methiant oedd syniad cyntaf Satrapa. Ei chynllwyn nesaf oedd denu ei llysferch Dunod i lawr i Lyn Rhosyn i gasglu cnau. Dywedodd wrth Dunod am blygu ei phen i lawr fel y gallai hithau frwsio'i gwallt. Pan wnaeth y ferch hynny, dyma Satrapa'n tynnu cyllell a thorri gwddf Dunod yn aberth i'w duwiau hi ac yn felltith ar Dewi. Ond pan darddodd ffynnon o'r tir lle y disgynnodd gwaed Dunod, roedd hynny'n arwydd iddi mai Duw Dewi oedd gryfaf. Rhedodd gwraig Boia i ffwrdd, gan ddiflannu fel petai'r ddaear wedi ei llyncu.

Rhoddodd Boia y bai am farwolaeth ei ferch ac am ddiflaniad ei wraig ar Dewi, ac roedd yn rhaid iddo gael dial arno. Penderfynodd ymosod ar Dewi liw nos. Ond y noson honno ymosododd Gwyddel arall o'r enw Lisci ar wersyll Boia, a thorri ei ben. Daeth tân o'r nefoedd a llosgi'r gwersyll. O'r diwedd, roedd Dewi'n gallu aros yn ddiogel yng Nglyn Rhosyn. Ac mae'r traeth bach o'r enw Porth Lisci ger Tyddewi yn ein hatgoffa am y Gwyddel, Lisci.

bywyd dewi yng nglyn rhosyn

Mae'n anodd i ni heddiw ddychmygu sut roedd pobl yn byw yn y chweched ganrif. Roedd bywyd yn llawer llai prysur, mewn sawl ffordd. Ond roedd digon i'w wneud, serch hynny. Beth wyddom ni am fywyd Dewi a'i fynachod? Wel, roedd yn rhaid iddyn nhw drin y tir, ac mae'n debyg y bydden nhw'n gwneud hynny heb ddefnyddio ychen i'w helpu, heb sôn am beiriannau fel sydd gennym ni heddiw. Gwaith caib a rhaw, felly; gwaith caled a llafurus. Fydden nhw ddim yn gwisgo unrhyw beth am eu pennau na'u traed, hyd yn oed wrth weithio. Bydden nhw'n tyfu llysiau a dyma oedd cynnwys y ddau bryd o fwyd y dydd, gyda pheth bara a halen. Fydden nhw byth yn bwyta cig, mae'n debyg. Roedd llawer o fwyd yn cael ei roi i'r tlodion lleol, a gweddwon oedrannus oedd yn methu tyfu'u bwyd eu hunain.

Y sôn yw nad oedd Dewi a'i ddilynwyr yn yfed gwin ac mai dŵr, neu gymysgedd o
ddŵr a llaeth, oedd yr unig ddiodydd yng Nglyn Rhosyn. Efallai mai dyma pam cafodd
Dewi'r enw 'Dewi Ddyfrwr' – Dewi, gŵr y Dŵr (dwfr = dŵr). Mae eraill yn awgrymu
y byddai Dewi'n mynnu sefyll hyd at ei geseiliau mewn dŵr oer er mwyn dod yn fwy
disgybledig, ac mai dyma darddiad yr enw. Rheswm arall posibl yw bod Dewi wedi agor
sawl ffynnon – hyd at dri deg ohonyn nhw i gyd – a'r rheiny'n cael eu cyfrif yn rhai
sanctaidd.

Yn ogystal â thrin y tir, byddai'r mynachod yn darllen a gweddïo, ac yn treulio amser
yn rhoi croeso a llety i'r pererinion fyddai'n dod i Lyn Rhosyn. Roedd nifer ohonyn
nhw'n dod yno ar hyd hen lwybrau oedd yn dyddio o'r Oes Efydd, ac mae llawer o'r
eglwysi a enwyd ar ôl Dewi wedi'u codi gerllaw'r llwybrau hyn. Felly roedd tipyn o
fwrlwm, a llawer yn mynd a dod o Dyddewi yn y cyfnod hwn. Byddai rhai'n dod dros y
môr, ac mae'n debyg fod cychod bach di-rif i'w gweld yn croesi'r môr rhwng Cymru,
Iwerddon, Cernyw a Llydaw.

cynllwyn i ladd dewi

Un o'r chwedlau mwyaf rhyfeddol am Dewi yw honno am y cynllwyn i'w ladd. Mae'r stori'n dechrau yn Iwerddon y noson cyn y Pasg un flwyddyn, pan ddaeth angel at Aeddan Sant, un o gyn-ddisgyblion Dewi. Roedd neges yr angel yn un ddifrifol iawn: roedd tri mynach drwg yn cynllwynio i wenwyno Dewi ar Sul y Pasg. Druan ag Aeddan – roedd e'n teimlo'n hollol ddiymadferth. Sut y gallai rybuddio Dewi mewn pryd? Roedd hi'n Sul y Pasg y diwrnod canlynol, roedd môr rhyngddo ef a Glyn Rhosyn, a doedd dim amser i'w groesi mewn cwch. Ond dywedodd yr angel wrtho am beidio â phoeni, ond y dylai yn hytrach anfon un o'i ddisgyblion i'r traeth.

Felly, dyma Aeddan yn anfon ei ddisgybl Sguthyn, a cherddodd yntau allan i'r môr nes bod y dŵr yn cyrraedd at ei bengliniau. Ar hynny, daeth anghenfil o'r môr a chario Sguthyn ar ei gefn i Borth Clais, y porthladd bychan ger Glyn Rhosyn. Cyrhaeddon nhw erbyn canol dydd ar Sul y Pasg. Rhedodd Sguthyn i Lyn Rhosyn i rybuddio Dewi am y cynllwyn gan gyrraedd cyn i'r mynachod eistedd i fwyta cinio canol dydd yn y ffreutur.

Daeth un o'r mynachod drwg at Dewi i weini arno. Roedd e'n cario bara – bara wedi'i wenwyno. Roedd Sguthyn yn barod i rybuddio Dewi eto, ond torrodd Dewi'r bara'n dair rhan. Rhoddodd y rhan gyntaf i ast oedd yn sefyll y tu allan i'r drws. Cyn gynted ag y llyncodd hi'r bara, cwympodd i'r llawr, yn farw gelain. Fe gollodd ei blew i gyd, a holltodd ei chroen nes bod ei pherfedd yn tywallt dros y llawr ym mhobman. Dyna olygfa erchyll! Roedd hi'n amlwg fod y gwenwyn yn gryf dros ben. Yna, rhoddodd Dewi'r ail ran i frân oedd yn eistedd ar nyth mewn onnen rhwng y ffreutur ac afon Alun. Ar ôl iddi lyncu'r bara, syrthiodd o'r goeden yn farw a glanio'n swp ar lawr.

Roedd un darn o fara ar ôl, a phawb yn y ffreutur yn syllu ar Dewi. A fyddai e'n gorfodi un o'r mynachod drwg i'w fwyta, tybed? Ond na, dyma Dewi'n bendithio'r darn bara olaf a'i fwyta ei hun. Daliodd pawb eu hanadl, ond er mawr ryddhad iddynt, ddigwyddodd dim byd. Dywedodd Dewi wrth bawb yn y ffreutur am y cynllwyn i'w ladd. Cafodd y mynachod drwg eu melltithio a diolchodd pawb i Dduw am achub Dewi.

GWYRTHIAU LLANDDEWIBREFI

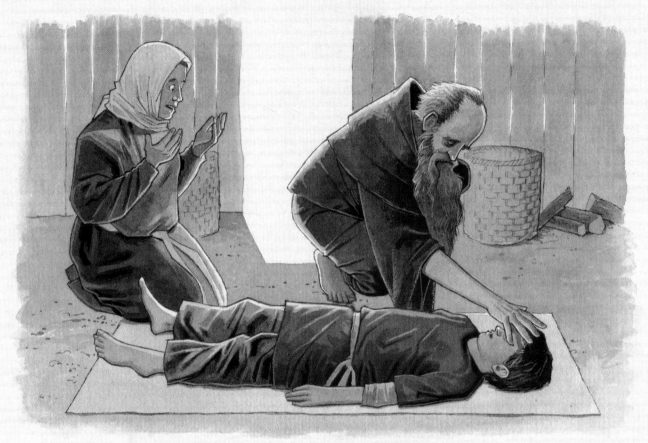

Roedd dadl wedi codi ymhlith pobl yr eglwysi yng Nghymru ac roedd Peulin, hen athro
Dewi, eisiau iddo dorri'r ddadl drwy siarad â phawb yn y lle a enwyd yn Llanddewibrefi
yn ddiweddarach. Roedd Dewi wedi gwrthod mynd yno ddwywaith, er i ddau sant arall,
Deiniol a Dyfrig, ymbil arno i wneud.

Yn y diwedd, daeth Deiniol a Dyfrig i Lyn Rhosyn i'w berswadio i ddod 'nôl gyda nhw
i Landdewibrefi. Bu dilynwyr Dewi wrthi'n brysur yn paratoi pryd o fwyd da i'r ddau.
Yn ôl y chwedl, wrth iddyn nhw gario dŵr o'r ffynnon, trodd y dŵr yn win cyn cyrraedd
ffreutur y fynachlog. Gan nad oedd Dewi a'i fynachod yn yfed gwin, roedd hynny'n
gyfleus iawn! Ond ar ôl yr holl baratoi, gwrthododd Deiniol a Dyfrig fwyta cegaid o
fwyd tan i Dewi addo mynd gyda nhw i Landdewibrefi. O weld pa mor benderfynol
oedd ei ffrindiau, roedd yn rhaid i Dewi gytuno i fynd.

Ar y ffordd, wrth iddyn nhw agosáu at afon Teifi, gwelodd Dewi wraig mewn galar
mawr. Roedd ei mab newydd farw, ac ymbiliodd ar Dewi i ddod i'w thŷ lle roedd corff
ei mab yn gorwedd. Aeth Dewi gyda hi, a gweddïodd ar Dduw i'w atgyfodi. Agorodd
llygaid y mab fel petai e ond wedi bod yn cysgu, a chododd ar ei draed. Daeth yn un o
ddilynwyr Dewi, gan aros gydag ef am flynyddoedd lawer. Tarddodd ffynnon a elwir yn
Ffynnon Dewi yn y fan lle digwyddodd y wyrth honno.

Erbyn iddyn nhw gyrraedd Llanddewibrefi, roedd tyrfa enfawr yn disgwyl amdanynt. Doedd neb yn gallu gweld Dewi, ond eto, gwrthododd Dewi gerdded i fryn gerllaw lle byddai'r bobl wedi gallu ei weld. Roedd pawb yn poeni: os nad oedden nhw'n gallu gweld Dewi, go brin y bydden nhw'n gallu ei glywed. Ond, dyma Dewi'n dechrau pregethu o'r fan lle safai ar y tir gwastad, a synnodd pawb wrth glywed ei lais mor uchel a chlir. Yna gosododd Dewi liain ar y tir oddi tano, ac yn sydyn, wrth iddo bregethu, dyma'r tir yn codi fel bryn uchel o dan ei draed. Felly, llwyddodd pawb i'w weld yn ogystal â'i glywed. Mae'n debyg wedyn i golomen wen lanio ar ei ysgwydd, yn symbol o'r Ysbryd Glân. Roedd pawb yn rhyfeddu at y gwyrthiau hyn a daeth Dewi'n fwy enwog fyth.

pererindod i gaersalem

Fel nifer o bobl yn ei gyfnod, aeth Dewi ar bererindod i Gaersalem, neu Jerwsalem. Mae'n debyg i Dewi dderbyn neges gan angel y dylai fynd yno, ac aeth Teilo a Padarn gydag ef. Cafodd Dewi ei wneud yn archesgob gan y Patriarch yng Nghaersalem, a derbyniodd y tri anrhegion gwerthfawr. Cafodd Teilo gloch, cafodd Padarn ffon a thiwnig o ddefnydd ag aur ynddo, a derbyniodd Dewi allorlun.

marwolaeth dewi sant

Yn ôl traddodiad, cafodd Dewi neges gan angel ar ddiwedd Chwefror 589 yn dweud y byddai'n marw cyn hir. Byddai'n cael ei gario i'r nefoedd, ac roedd angen iddo ymbaratoi. Y dydd Sul canlynol, pregethodd i'w ddilynwyr am y tro olaf. Yn ôl y llyfr Buchedd Dewi, dyma rai o eiriau pwysicaf y bregeth honno:

'Arglwyddi, frodyr a chwiorydd, byddwch lawen a chedwch eich ffydd a'ch cred, a gwnewch y pethau bychain a glywsoch ac a welsoch gennyf i.'

Bu farw Dewi ar Fawrth y cyntaf 589, ond does neb yn gwybod yn union faint oedd ei oedran pan fu farw. Mae'n debyg fod y fynachlog yng Nglyn Rhosyn yn llawn peraroglau a chân angylion wrth i Iesu Grist dderbyn enaid Dewi i'r nefoedd y diwrnod hwnnw.

cwlt dewi sant yn tyfu

Nid anghofiodd pobl am Dewi wedi ei farwolaeth. I'r gwrthwyneb, daeth yn fwy poblogaidd nag erioed. Byddai pobl yn heidio i Dyddewi ar bererindod. Y pethau mwyaf cyffrous i'w gweld oedd eiddo'r sant: efengyl Ioan yn llawysgrifen Dewi, ei ffon, yr allorlun a roddwyd i Dewi yng Nghaersalem, ei ddillad, a Bangu ei gloch. Yn ôl traddodiad, bu rhai o'r pethau hyn yn cael eu cadw hefyd mewn eglwysi eraill dros Gymru, fel Llanddewibrefi, Llangyfelach ger Abertawe a Glasgwm, Powys.

Cafodd corff Dewi ei gladdu yn nhir mynachlog Glyn Rhosyn, ond mae'n debyg i'r esgyrn gael eu codi ryw bedair canrif ar ôl iddo farw pan ddaeth hi'n boblogaidd i fynd i weld esgyrn seintiau a chyffwrdd â nhw i gael iachâd o afiechyd.

Mae'r gerdd 'Armes Prydain', a gafodd ei hysgrifennu tua'r flwyddyn 930, yn sôn am Dewi fel sant ac arweinydd y Cymry. Dyma linell o'r gerdd sy'n sôn am godi baner Dewi:

'A lluman glân Dewi a ddyrchafant.'

Cafodd Dewi ei ddyrchafu'n Sant gan y Pab Callactus yr Ail yn 1123. Daeth Mawrth y cyntaf yn rhan o galendr yr Eglwys. Cyhoeddodd y Pab hefyd fod dwy bererindod i Dyddewi'n cyfateb i un bererindod i Rufain, a bod tair pererindod i Dyddewi'n cyfateb i un bererindod i Gaersalem. Felly, daeth Tyddewi'n lle poblogaidd dros ben yn yr Oesoedd Canol.

yn enwog dramor

Dyma rai llinellau a oedd efallai'n hysbyseb gynnar i bererinion fynd ddwywaith i Dyddewi yn hytrach na mynd i Rufain unwaith. (Mynyw oedd yr hen enw ar Dyddewi):

'Dos i Rufain unwaith ac i Fynyw ddwywaith,

Yr un elw cryno a gei di yma ag yno.'

Yn y ddeuddegfed ganrif, daeth Dewi'n boblogaidd mewn dwy wlad Geltaidd arall, sef Llydaw ac Iwerddon. Mae naw o eglwysi wedi'u cysegru iddo yn Llydaw a sawl lle yn Iwerddon yn gysylltiedig â Dewi, gan gynnwys Davidstown yn ardal Kilkenny, a ffynnon fendigaid i Ddewi yn Oylgate. Felly daeth Dewi'n sant Celtaidd pwysig iawn.

Yn yr unfed ganrif ar bymtheg, cafwyd Diwygiad Protestannaidd yng Nghymru a Lloegr. Penderfynodd Harri'r Wythfed ei fod yn mynd i sefydlu Eglwys wladol a thorri'n rhydd o Eglwys Rhufain. Roedd popeth oedd yn gysylltiedig ag Eglwys Rhufain yn cael ei wrthod a doedd dim hawl gan bobl ddathlu dyddiau gŵyl seintiau. Felly cafodd dydd Gŵyl Dewi ei anghofio. Ond, yn y ddeunawfed ganrif, dechreuodd pobl ddathlu Dydd Gŵyl Dewi unwaith eto, ac mae hyn wedi parhau hyd heddiw.

Capel Sant Divi (Dewi Sant) yn Ploneour-Menez, Llydaw

Ffynnon Sant Divi yn Dirinonn, Llydaw

Cerflun o Sant Divi yn Ffynnon Sant Divi

GWYRTHIAU DEWI SANT

Mae 'na ormod o dlodi!
meddai'r plant.
Gwna wyrth fach inni,
Dewi Sant!
Gwna bawb ohonon ni'n
chwaer ac yn frawd
i'r plentyn amddifad,
ac i'r wraig weddw dlawd.

Mae 'na ormod o ryfel!
meddai'r plant.
Gwna wyrth fach inni,
Dewi Sant!
Gyrra'r golomen big aur
dros y byd
i roi stop
ar y rhyfel i gyd.

Mae 'na ormod o salwch!
meddai'r plant.
Gwna wyrth fach inni,
Dewi Sant!
Dyro foddion
fel dail o'r ffynnon,
i wella briwiau'r
traed a'r galon.

Mae 'na ormod o greulondeb!
meddai'r plant.
Gwna wyrth fach inni,
Dewi Sant!
Gwna i'r cŵn hela
droi yn eu hola'
a gadael i'r llwynog
ddengid adra'.

Mae 'na ormod o sglaffio!
meddai'r plant.
Gwna wyrth fach inni,
Dewi Sant!
Gwna ni i gyd
yn debycach i'r gŵr
oedd yn cael ffasiwn flas
ar fara a dŵr.

Ysgol Bro Plenydd, Y Ffôr
a Twm Morys

pererindota

Yng nghyfnod Dewi Sant ac yn yr Oesoedd Canol roedd pererindota'n arfer bod yn rhan o fywyd bob dydd. Byddai'r bobl oedd yn mynd ar bererindod – y pererinion – yn teithio pellteroedd mawr i ymweld â mannau sanctaidd. Weithiau bydden nhw'n teithio dros y môr hyd yn oed, fel y gwelson ni yn achos Dewi, Teilo a Padarn a aeth i Gaersalem. Rhufain a Santiago de Compostela yng ngogledd Sbaen oedd y prif gyrchfannau dros y môr i bererinion.

Roedd sawl rheswm arbennig gan y pererinion dros fynd ar bererindod. Doedd pobl ddim yn byw'n hir iawn bryd hynny gan fod cymaint o salwch ac afiechydon, a dim modd eu gwella nhw fel sydd heddiw. Felly, roedd rhai'n mynd ar bererindod i gael gwella o salwch, gan yfed dŵr o ffynhonnau sanctaidd a gweddïo mewn eglwysi gwahanol ar y ffordd. Byddai pobl oedd yn rhy sâl i deithio yn anfon rhywun arall i fynd ar bererindod ar eu rhan. Roedd pererinion eraill yn gobeithio cael maddeuant i'w pechodau, rhag ofn iddyn nhw gael eu llosgi yn y purdan a dioddef poenau uffern ar ôl marw.

34

I rai pererinion, roedd y bererindod yn ffordd o gael teithio, gweld lleoedd gwahanol a chwrdd â phobl newydd. Efallai mai dyma'r 'gwyliau' cyntaf, a'r pererinion oedd y 'twristiaid' cyntaf. Roedd pobl eraill yn diddanu'r pererinion ar y daith, yn canu, yn jyglo neu'n gwneud triciau – ac eraill wedyn yn cardota i geisio cael ychydig o arian.

Roedd llawer o beryglon wrth fynd ar daith hir, weithiau i wlad wahanol hyd yn oed. Roedd y tir yn gallu bod yn anodd, roedd lladron yn aros i ddwyn eiddo'r pererin, ac roedd perygl y gallai'r pererin fynd yn sâl neu farw ymhell oddi cartref.

Byddai'n hawdd adnabod pererin wrth ei wisg: gwisg wlân lwyd, wedi'i chlymu'n llac o gwmpas y canol, a chwfl wedi'i wnïo am y gwddf. Am ei ben, gwisgai het ddu neu lwyd â chantel llydan iddi. Byddai'n cario ffon, i'w helpu i gerdded dros dir anodd ac i'w amddiffyn rhag lladron. Byddai sachell ganddo hefyd, i gario'i arian a'i eiddo ac efallai cyfarwyddiadau ar sut i fynd i'r lle roedd am ei gyrraedd.

teithiau'r pererinion

Roedd pererinion yn mynd i bedwar prif le yng Nghymru: Treffynnon (sydd erbyn hyn yn Sir y Fflint) i ymweld â ffynnon y santes Gwenffrewi, Ynys Enlli, lle mae 20,000 o saint wedi'u claddu, Penrhys (yn y Rhondda) i ymweld â ffynnon arbennig i'r Forwyn Fair, a Thyddewi. Byddai llawer o fynd a dod rhwng y lleoedd hyn. Roedd y llwybr o Dreffynnon i Dyddewi, er enghraifft, yn croesi Cymru ac yn 156 milltir o hyd. Tipyn o daith, yn enwedig i'r

pererinion tlawd fyddai'n cerdded yn droednoeth (byddai'r pererinion cyfoethog yn marchogaeth ceffyl). Hwyliai rhai i'r porthladdoedd ger Tyddewi. Dewis eraill wrth fynd o Dyddewi i Ynys Enlli oedd cerdded rhan o'r ffordd hyd at Abergwaun, Aberteifi neu'r Mwnt, ger Aberteifi, a dal cwch oddi yno i Enlli ar draws Bae Ceredigion.

Roedd llawer o fannau ar y ffordd oedd yn cynnig lletty, cysgod a gofal i'r pererinion. Roedd mynachlogydd ac abatai – fel abaty Llandudoch ger Aberteifi, Ystrad Fflur a Margam – yn cynnig lletty, a byddai ambell ysbyty pwrpasol yn cael ei godi, er enghraifft Ysbyty Ystwyth yng Ngheredigion ac Ysbyty Ifan yn Sir Ddinbych. Byddai pererinion ar eu ffordd i Ynys Enlli'n arfer ymgasglu yn Eglwys Sant Beuno, yng Nghlynnog Fawr. Yno bydden nhw'n ymweld â ffynnon Beuno ac yn gadael cerrig gwyn i ddangos iddynt fod yno. Wedyn, bydden nhw'n aros yn nhafarn y Gegin Fawr i gael pryd o fwyd am ddim cyn croesi'r swnt i Ynys Enlli.

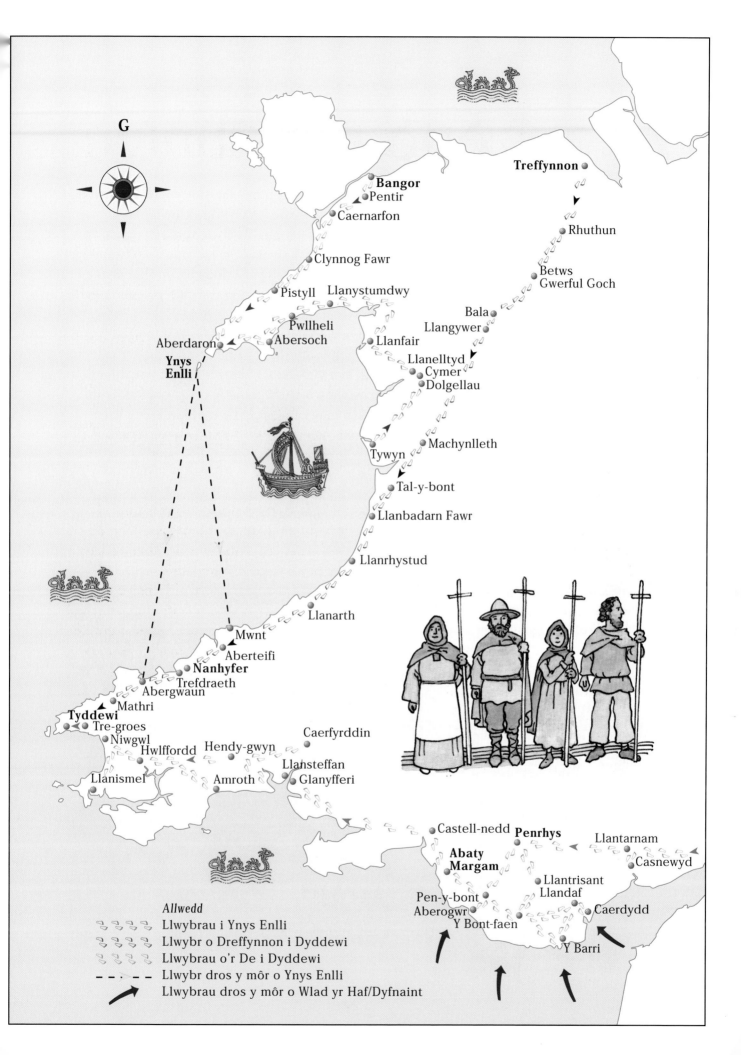

G

Treffynnon

Rhuthun

Betws
Gwerful Goch

Bangor
Pentir
Caernarfon

Bala
Llangywer

Clynnog Fawr

Llanystumdwy
Pistyll
Pwllheli
Abersoch

Llanfair
Llanelltyd
Cymer
Dolgellau

Aberdaron

**Ynys
Enlli**

Machynlleth

Tywyn

Tal-y-bont

Llanbadarn Fawr

Llanrhystud

Llanarth

Mwnt
Aberteifi
Nanhyfer
Trefdraeth
Abergwaun
Mathri
Tyddewi
Tre-groes
Niwgwl
Hwlffordd
Hendy-gwyn
Llanismel
Amroth
Caerfyrddin

Llansteffan
Glanyfferi

Castell-nedd **Penrhys**
Llantarnam

**Abaty
Margam**
Casnewyd

Llantrisant
Llandaf
Pen-y-bont
Aberogwr
Y Bont-faen
Caerdydd

Y Barri

Allwedd
- Llwybrau i Ynys Enlli
- Llwybr o Dreffynnon i Dyddewi
- Llwybrau o'r De i Dyddewi
- – – – – Llwybr dros y môr o Ynys Enlli
- → Llwybrau dros y môr o Wlad yr Haf/Dyfnaint

dod o bell

Byddai rhai pererinion yn dod o dde-orllewin Lloegr, gan hwylio dros y môr i Gydweli ac yna'n dilyn y llwybr oddi yno i Dyddewi. Wrth agosáu at Dyddewi, byddai'r pererinion o'r gogledd yn dod drwy Nanhyfer (yng ngogledd Sir Benfro). Dyma lle roedd pererinion oedd yn rhy sâl i gyrraedd Tyddewi yn aros i farw. Mae un o lwybrau'r pererinion yn Nanhyfer yn arwain at groes wedi'i cherfio yn y clogwyn uwchben y pentref. Oddi tani mae carreg wedi'i threulio lle roedd pererinion yn arfer penlinio wrth weddïo. Hefyd mae croesau bychain i'w gweld mewn tyllau yn y graig.

Rhyw chwe milltir cyn cyrraedd Tyddewi, mae pentref bychan Mesur y Dorth. Dyma'r enw ar garreg a welir mewn wal ar ochr y ffordd. Yn ôl un traddodiad, roedd pererinion yn bwyta bara yma am y tro olaf cyn cyrraedd Tyddewi. Efallai y bydden nhw'n mesur y dorth oedd ganddyn nhw i weld a oedd digon o fwyd ar gyfer gweddill y daith. Mae traddodiad arall yn sôn am newyn mawr un adeg. Dywedodd Dewi Sant, neu efallai Esgob Tyddewi, nad oedd hawl gan neb i bobi torthau'n fwy na'r cylch sydd ar y garreg. Ychydig cyn cyrraedd Tyddewi mae Maen Dewi, lle roedd pererinion yn arfer ymgasglu. Mae dwsin o ffynhonnau yn ardal Tyddewi lle byddai pererinion yn yfed y dŵr sanctaidd, ac mae olion llawer ohonynt i'w gweld o hyd. Gallwch gerdded rhannau o'r llwybrau hefyd, er bod nifer ohonyn nhw wedi diflannu o dan ffyrdd modern erbyn hyn.

Does dim llawer o olion yn yr Eglwys Gadeiriol heddiw i ddangos beth ddigwyddai i bererinion ar ôl iddynt gyrraedd. Ond, yn ddiddorol iawn, mae rhai olion o graffiti – croesau wedi'u crafu ar gerrig yn y waliau. Hefyd, mae llawr yr Eglwys Gadeiriol ar oledd (h.y. nid yw'n gwbl wastad). Felly, roedd hi'n haws golchi'r llawr pan oedd pobl yn sâl neu'n dioddef o ddolur rhydd ar ôl eu taith hir!

Parhaodd y traddodiad o fynd ar bererindod drwy gydol yr Oesoedd Canol. Ond, yn ystod y 1530au, penderfynodd Harri'r Wythfed dorri'n rhydd o Eglwys Rufain. Gorchmynnodd i'r holl fannau cysegredig, y mynachlogydd, yr abatai a'r ffynhonnau, gael eu dinistrio. Daeth yr holl bererindota i ben dros dro. Ond heddiw eto, mae rhai pobl yn dal i fynd ar bererindod i fannau fel Ynys Enlli a Phenrhys, ac yn bennaf, wrth gwrs, i Dyddewi.

Gwanwyn y pererinion

Golau'r haul ym mhatrymau'r ffenestri
yn dweud faint o'r gloch yw hi,
a hen glychau Clynnog yn taro
ben bore i'n deffro ni,
a chân y pistyll yn y pant
yn dathlu dydd gŵyl Dewi Sant:

dilyn llwybr y pererinion
fel Deiniol a Beuno gynt,
a ias y gaeaf yn gafael
fel gefel yng nghwnffon y gwynt:
ond mae gwyrth y gwanwyn yn y nant
yn cofio gwyrthiau Dewi Sant:

arogl blodau'n y capel
sy'n cuddio o olwg y briffordd a'r byd,
ond fe ddaw pererinion blinedig
ar draws y gyfrinach o hyd,
a'r cennin Pedr ar grysau'r plant
yn dawnsio i alaw Dewi Sant.

Ysgol Rhostryfan
ac Iwan Llwyd

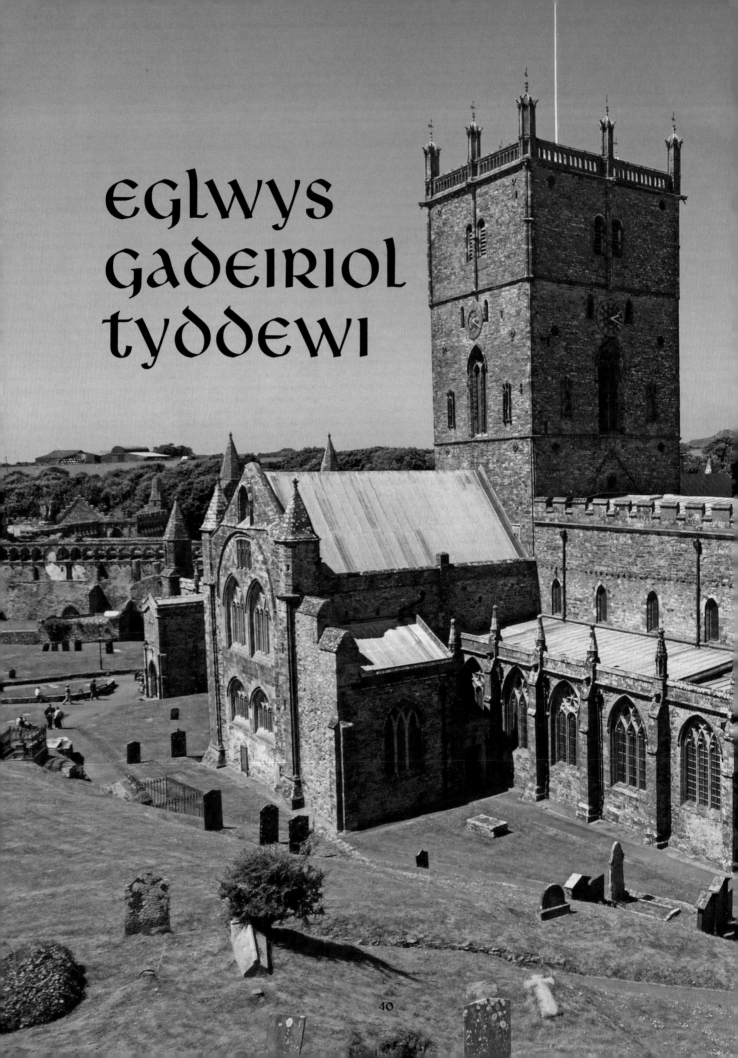

EGLWYS GADEIRIOL TYDDEWI

Mae Eglwys Gadeiriol Tyddewi'n un o'r adeiladau mwyaf adnabyddus yng Nghymru. Yn ogystal â bod yn gadeirlan i Esgobaeth Tyddewi (dyma'r 'llan' lle mae 'cadair' Esgob Tyddewi), hi yw eglwys plwyf dinas Tyddewi.

Wrth gwrs, nid dyma'r eglwys wreiddiol a godwyd gan Dewi Sant a'i ddilynwyr. Mae'n debyg i'r eglwys gyntaf gael ei difetha gan dân yn y flwyddyn 645. Bu'r Llychlynwyr yn ymosod ar yr ardal yn y ddegfed ganrif a'r unfed ganrif ar ddeg. Mae'n debyg iddyn nhw ddinistrio adeiladau'r eglwysi a godwyd ar ôl yr un gyntaf honno. Erbyn y ddeuddegfed ganrif – cyfnod yr esgob Normanaidd cyntaf, Bernard – roedd eglwys arall wedi'i chodi. Ond dim ond rhai meini o'r eglwys honno sydd ar ôl erbyn hyn.

Yn 1181 neu 1182 y dechreuodd y gwaith o ailadeiladu'r Eglwys Gadeiriol. Cymerodd hi rai canrifoedd i'w hadeiladu. Daeth y tywodfaen porffor a ddefnyddiwyd i godi'r gadeirlan o glogwyni Caerbwdi gerllaw. Dyma'r garreg sy'n dal i gael ei defnyddio heddiw pan fydd angen atgyweirio rhannau o furiau'r eglwys.

hanes y gadeirlan

Yn 1275 adeiladwyd creirfa newydd gan fod y greirfa wreiddiol wedi ei dwyn o'r eglwys yn 1089. Byddai pererinion yn dod i weld esgyrn Dewi Sant oedd wedi eu 'hailddarganfod' ychydig cyn hynny. Mae'n dal yn bosib heddiw i chi weld y gist fach o bren derw lle cedwir esgyrn dau sant – un tal (Dewi) ac un byr (Stinan) – yn yr eglwys gadeiriol, yn y wal rhwng Capel y Drindod Sanctaidd a'r Allor.

Tua diwedd y drydedd ganrif ar ddeg, codwyd clochdy wyth ochrog i ddal clychau'r gadeirlan. Gan fod yr eglwys ei hun yn y dyffryn, roedd angen i'r clochdy fod ychydig yn uwch i fyny, er mwyn i sŵn y clychau gael eu clywed ymhellach. Codwyd Porth y Tŵr i wneud hynny yn y ganrif ganlynol. Mae'r nenfwd o bren derw hardd yn dyddio o'r drydedd ganrif ar ddeg ac mae'n debyg mai dros y dŵr o Iwerddon y daeth y coed deri i'w lunio.

Mae Llys yr Esgob yn adfail erbyn hyn, ond roedd yn adeilad ysblennydd pan adeiladwyd y rhan fwyaf ohono gan yr Esgob Henry Gower yng nghanol y bedwaredd ganrif ar ddeg. Byddai'r esgobion yn byw yn y rhan ddwyreiniol, a phererinion pwysig – gan gynnwys brenin Lloegr – yn lletya yn y rhan ddeheuol.

Cafodd yr Eglwys Gadeiriol lawer o niwed yn 1648, pan ddaeth milwyr y Senedd i Dyddewi i dynnu tunelli o blwm o do'r eglwys gadeiriol. Felly bu rhannau ohoni heb do am gyfnod hir. Bu'r milwyr hefyd yn dinistrio'r ffenestri lliw, yr organ a'r clychau, ymhlith pethau eraill. Ond yn raddol, dros y tair canrif nesaf, cafodd gwaith atgyweirio ei wneud, er enghraifft gan y pensaer John Nash yn 1793 a Sir George Gilbert Scott yn 1862. Yn ystod yr ugeinfed ganrif, bu'n rhaid gwneud gwaith adnewyddu pellach. Cafwyd gwaith pren newydd oherwydd bod tyllau pryfed ynddo, a rhoddwyd clychau newydd ym Mhorth y Tŵr.

Erbyn heddiw, mae nifer fawr o ymwelwyr yn ymweld ag Eglwys Gadeiriol Tyddewi drwy gydol y flwyddyn a chynhelir llawer o gyngherddau yno. Yn ogystal â dod i edmygu'r gadeirlan ei hun, mae pobl yn dod i weld beddau nifer o enwogion Cymru: Rhys ap Gruffydd, un o dywysogion pwysicaf de Cymru; Edmwnd Tudur, tad Harri'r Seithfed a Gerallt Gymro. Ond, wrth gwrs, prif ddiben y gadeirlan o hyd yw cynnal gwasanaethau. Bydd pobl plwyf Tyddewi'n dod yno, pobl esgobaeth Tyddewi (Sir Benfro, Ceredigion a Sir Gaerfyrddin), a phobl Cymru gyfan.

dathliadau ysgol gymraeg dewi sant, llanelli

Mae'r ysgol hon, fel llawer un arall ym mhob rhan o Gymru, yn credu fod dathlu Gŵyl Ddewi yn gyfle i atgoffa'n hunain o sut y gallwn fod yn Gymry da drwy'r flwyddyn. Dyma farn disgyblion yr ysgol ar beth yw bod yn Gymry da:

- Siarad Cymraeg â'n teulu ac â'n ffrindiau lle bo hynny'n bosib.
- Cefnogi holl dimau chwaraeon Cymru.
- Helpu i gadw'r iaith yn fyw drwy ddysgu pobl eraill i siarad Cymraeg.
- Bod yn falch o faner Cymru a'r genhinen.
- Bod yn ymwybodol o hanes diddorol ein gwlad.
- Gofalu am amgylchedd prydferth ein gwlad a gwerthfawrogi'n golygfeydd godidog.
- Gwisgo gwisg Gymreig gyda balchder.
- Cystadlu mewn eisteddfodau.
- Croesawu ymwelwyr o wledydd eraill a dangos parch tuag atynt.
- Peidio ag anghofio'n Cymreictod lle bynnag yn y byd y byddwn yn byw.

cennin

Un o'n traddodiadau ni ar ddydd Gŵyl Ddewi yw gwisgo cenhinen a bwyta cawl cennin. Pam, tybed?

Mae rhai'n dweud, er enghraifft, fod Dewi'n arfer bwyta cennin. Mae hynny'n ddigon posibl, o gofio bod Dewi a'i fynachod yng Nglyn Rhosyn yn arfer trin y tir. Gan fod cennin yn weddol hawdd eu tyfu, mae'n ddigon tebyg y byddai cawl cennin ar fwydlen Dewi.

Y tro cyntaf i gennin gael eu gwisgo, efallai, oedd yn y flwyddyn 633, tua hanner can mlynedd ar ôl i Dewi farw. Yn ôl y sôn, roedd Cadwallon ap Cadfan, Brenin Gwynedd, yn paratoi ei filwyr ar gyfer brwydr yn erbyn y Sacsoniaid. Ond roedd un broblem: roedd milwyr y Sacsoniaid wedi'u gwisgo'n debyg iawn i'r Cymry. Roedd perygl y gallai'r Cymry ladd ei gilydd yn lle lladd y Sacsoniaid! Felly – er mwyn i'w filwyr adnabod ei gilydd a gwybod pwy yn union oedd y Sacsoniaid – rhoddodd Cadwallon genhinen yr un iddynt i'w gwisgo yn eu hetiau.

GWISGO CENNIN

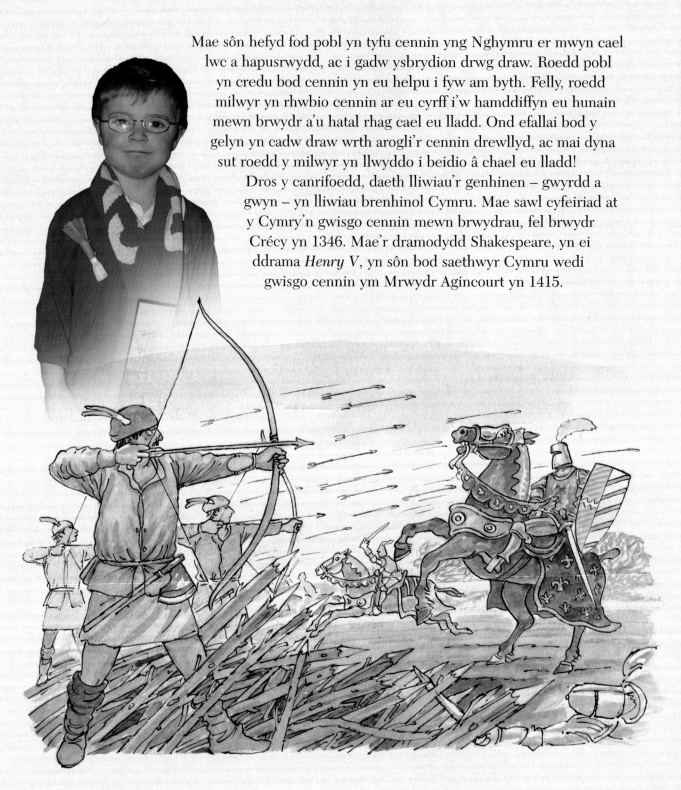

Mae sôn hefyd fod pobl yn tyfu cennin yng Nghymru er mwyn cael lwc a hapusrwydd, ac i gadw ysbrydion drwg draw. Roedd pobl yn credu bod cennin yn eu helpu i fyw am byth. Felly, roedd milwyr yn rhwbio cennin ar eu cyrff i'w hamddiffyn eu hunain mewn brwydr a'u hatal rhag cael eu lladd. Ond efallai bod y gelyn yn cadw draw wrth arogli'r cennin drewllyd, ac mai dyna sut roedd y milwyr yn llwyddo i beidio â chael eu lladd!

Dros y canrifoedd, daeth lliwiau'r genhinen – gwyrdd a gwyn – yn lliwiau brenhinol Cymru. Mae sawl cyfeiriad at y Cymry'n gwisgo cennin mewn brwydrau, fel brwydr Crécy yn 1346. Mae'r dramodydd Shakespeare, yn ei ddrama *Henry V*, yn sôn bod saethwyr Cymru wedi gwisgo cennin ym Mrwydr Agincourt yn 1415.

Pan ddaeth Harri Tudur, brenin cyntaf y Tuduriaid, yn Frenin Lloegr yn 1485, roedd ei arfbais yn cynnwys y lliwiau gwyrdd a gwyn. Roedd teulu Harri Tudur yn dod o Ynys Môn a Sir Benfro, felly mae'n debyg ei fod am ddangos y cysylltiad â Chymru drwy ddefnyddio lliwiau'r genhinen.

Roedd Meddygon Myddfai, doctoriaid enwog o Sir Gaerfyrddin, yn defnyddio cennin i wella pobl. Roedden nhw'n arfer gwneud moddion ac eli o lysiau a mwynau, ac yn defnyddio cennin i'w rhoi ar gleisiau ac i drin esgyrn wedi torri.

Erbyn hyn, byddwn ni'n bwyta cawl cenhinen a gwisgo cennin i ddangos mai Cymry ydyn ni. Ond nid ar ddydd Gŵyl Ddewi'n unig y bydd hyn yn digwydd. Chwarae rygbi y byddwn ni nawr yn erbyn gwledydd eraill, nid ymladd fel yr hen Gymry gynt, ond mae'n bwysig i ni'r Cymry adnabod ein gilydd. Felly bydd cefnogwyr Cymru'n gwisgo cennin o wahanol faint – rhai ohonyn nhw'n anferth!

Mae'n werth cofio'r llinellau hyn gan y bardd Eifion Wyn, sy'n ein hatgoffa ei bod yn bwysig i ni fod yn Gymry da drwy'r flwyddyn, nid ar ddydd Gŵyl Ddewi'n unig:

> Gwisg genhinen yn dy gap,
> A gwisg hi yn dy galon.

tyfu cennin

Un o'r garddwyr sy'n enwog am dyfu cennin yw Medwyn Williams o Ynys Môn. Mae wedi ennill nifer fawr o fedalau aur yn Sioe Chelsea am dyfu llysiau.

Mae'r broses o dyfu cennin mawr yn un eithaf hir. Ym mis Medi, bydd Medwyn yn rhoi cennin sydd eisoes wedi bod yn tyfu am flwyddyn mewn potiau. Erbyn y mis Mai canlynol, mae'r genhinen yn blodeuo ac yn ceisio rhedeg i had. Rhaid torri pob un o'r blodau i ffwrdd. Oherwydd hyn, mae'r planhigyn yn cael sioc fawr, ac yn taflu cennin bychan o'r pen, fel brwsh gwyrdd. Bydd Medwyn yn tynnu'r rhain i ffwrdd ac yn eu plannu ddiwedd hydref mewn tŷ gwydr cynnes. Byddan nhw'n aros yn y tŷ gwydr drwy'r gaeaf ac yna bydd Medwyn yn eu symud i botiau mwy. Tua chanol mis Ebrill, bydd Medwyn yn eu plannu allan.

Pa fath o bridd mae cennin yn ei hoffi? Wel, pridd o ansawdd a draeniad da. Rhaid ei baratoi hefyd, a phalu i mewn iddo ddigon o ddail/dom fferm sydd wedi madru ers dwy neu dair blynedd.

A beth yw maint cennin Medwyn ar ôl yr holl waith? Wel, maen nhw'n anferth – dros ddau fetr o hyd, a diamedr o dros 10cm. Maen nhw'n pwyso sawl cilogram – digon i wneud cawl cennin am wythnosau!

Cawl Cennin

Mae cawl yn fwyd traddodiadol oedd yn arfer cael ei fwyta drwy'r gaeaf, ond yn arbennig felly heddiw adeg Gŵyl Ddewi. Mae'r rysáit yma'n gwneud digon i 6 o bobl. I wneud cawl llysieuol, gadewch y cig oen allan o'r rysáit.

Cynhwysion

Tua 1kg o gig (gwddf) oen
250g o winwns/nionod
250g o foron
250g o bannas
250g o erfin neu faip
1kg o datws
3 cenhinen
halen a phupur

Dull

1 Tynnu cymaint o fraster ag sy'n bosibl oddi ar y cig a'i ferwi'n araf mewn sosban o ddŵr am awr.

2 Tynnu'r braster oddi ar wyneb y dŵr (mae hyn yn haws ar ôl gadael iddo oeri).

3 Crafu/plicio a thorri'r llysiau a'u hychwanegu at y cig oen.

4 Ychwanegu ychydig bach o halen a phupur.

5 Cau clawr y sosban a berwi'r cyfan nes bod y llysiau wedi meddalu.

gwneud cenhinen

Offer: Dau ddarn o gerdyn tenau A4, un gwyrdd ac un gwyn
Pensil ▪ Siswrn bach ▪ Tâp selo ▪ Pìn cau

Gosodwch y ddau ddarn o gerdyn fel bod yr ochrau hir yn eich wynebu. Rhowch tua 5 cm o'r darn gwyn dros yr un gwyrdd a'i lynu yno gydag un darn hir o dâp selo.

Rholiwch y cerdyn o gwmpas y pensil i greu tiwb.

Rhowch ddarn o dâp selo i'w gau.

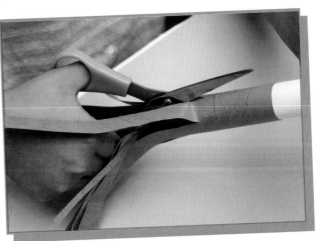

Codwch y pen gwyrdd a thorri llinellau syth o ryw 8cm i lawr bob tua 2cm i ffurfio 'dail'.

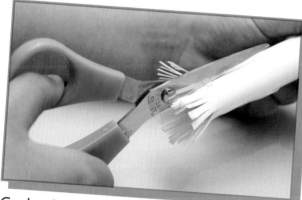

I wneud i'r dail gyrlio, rhowch lafn y siswrn agored o dan y stribedi a'i dynnu ar eu hyd. (Gallech ymarfer hyn ar stribedi o gerdyn cyn dechrau.)

Codwch y pen gwyn, yna torri llinellau byr syth o ryw 0.5cm i wneud gwreiddiau.

Defnyddio tâp selo i ludio pìn cau dros y darn arall o dâp selo a gwisgo'r genhinen!

TROI CENNIN YN BOBL!

Beth am wneud gwisgoedd bach i'r cennin i'w troi'n bobl? Dyma rai enghreifftiau.

Y Genhinen Bedr neu'r Daffodil

Mae'n debyg mai'r Rhufeiniaid ddaeth â chennin Pedr i Brydain. Roedden nhw'n eu defnyddio i wella clwyfau. Roedd hyn yn arbennig o ddefnyddiol os byddai'r milwyr yn cael anaf wrth frwydro.

Heddiw, dros fil a hanner o flynyddoedd ar ôl i'r Rhufeiniaid fynd o Gymru, mae'r blodyn yn dal i gael ei dyfu i wella pobl. Mae cennin Pedr yn cynhyrchu galanthamin, cyffur sy'n gallu helpu pobl sy'n dioddef o glefyd Alzheimer. Does dim llawer o'r cyffur hwn ar gael, felly mae'n ddrud iawn. Mae ymchwil wedi dangos mai yng nghanolbarth Cymru (lle mae'r tywydd oeraf yn y gaeaf) mae cennin Pedr yn cynhyrchu fwyaf o galanthamin. Y gobaith yw creu busnes newydd, a helpu pobl ar yr un pryd.

Narcissus yw'r enw Lladin ar y genhinen Bedr. Mae wedi'i henwi ar ôl y duw Narcissus. Wrth edrych i bwll o ddŵr, cwympodd e mewn cariad â'i adlewyrchiad ei hun, disgyn i'r dŵr a boddi! Yn ôl y chwedl, tyfodd cenhinen Bedr yn yr union fan honno.

Logo
Clwb Criced
Morgannwg

Mae sawl math o gennin Pedr gwyllt yn tyfu yng Nghymru:

- ❀ *Narcissus pseudonarcissus*. Mae'r rhan fwyaf o'r rhain yn tyfu yng Ngwent. Gallwch fynd i warchodfa natur Coed Margaret, ger Trefynwy, i'w gweld yn eu blodau ddiwedd Mawrth a dechrau Ebrill.

- ❀ *Narcissus obvallaris* neu 'Cennin Pedr Dinbych-y-pysgod'. Mae'r rhain i'w gweld ledled Sir Benfro.

- ❀ 'Derwydd' – math o gennin Pedr dwbl.

Mae dros 26,000 o fathau o gennin Pedr wedi'u tyfu'n arbennig i'r ardd. Bob gwanwyn, bydd yr Ymddiriedolaeth Genedlaethol yn cynnal Gŵyl Cennin Pedr yn nhŷ Llanerchaeron, ger Aberaeron, i ddangos rhai o'r mathau hyn. Mae nifer ohonyn nhw'n tyfu yng ngardd y tŷ ei hun.

Narcissus pseudonarcissus

PARC GENEDLAETHOL ERYRI

SNOWDONIA NATIONAL PARK

Narcissus obvallaris

Derwydd

GWISGO CENNIN PEDR

Y genhinen Bedr yw un o'r ychydig flodau sy'n blodeuo adeg dydd Gŵyl Ddewi. Efallai mai dyma pam mae'r blodau hefyd yn cael eu galw'n 'Blodau Dewi' a 'Cennin Dewi'.

Er bod hanes hir o wisgo cennin, dim ond yn Oes Fictoria y dechreuodd pobl wisgo cennin Pedr adeg dydd Gŵyl Ddewi. Bryd hynny, roedd llawer o Gymry wedi symud i fyw i ddinasoedd mawr Lloegr, fel Manceinion a Llundain. Wrth ddathlu dydd Gŵyl Ddewi yn eu cymdeithasau Cymraeg y dechreuodd pobl wisgo cenhinen Bedr – am ei bod yn harddach ac yn drewi llai na'r hen genhinen druan! Erbyn hyn, mae'n bosib fod y genhinen Bedr yn fwy poblogaidd na'r genhinen.

Roedd cwmni rheilffordd 'Great Western Railway' yn arfer trefnu teithiau arbennig ar eu trenau yn y gwanwyn er mwyn i bobl y trefi weld y cennin Pedr yng nghefn gwlad Cymru. Daeth hyn i ben ganol yr 20fed ganrif.

Byddai pobl yn arfer rhoi cennin Pedr ar feddau perthnasau adeg Gŵyl Ddewi, ond erbyn hyn, yr arfer yw cael tusw mawr ohonynt yn y tŷ. Mae llawer o gynghorau lleol yn eu plannu ar ochr y ffyrdd, ar gylchfannau, ac o amgylch arwyddion sy'n rhoi croeso i bobl sy'n ymweld â threfi a phentrefi.

Dyma ran o gerdd gan I. D. Hooson yn disgrifio'r blodyn, a'i ddail gwyrdd a'i wyneb lliw aur:

> 'Ni welwyd un erioed mor llon,
> A'th fantell werdd a'th euraidd rudd,
> Yn dawnsio yn y gwynt a'r glaw,
> I bibau pêr rhyw gerddor cudd.'

Blodyn y Gwanwyn

Mae clychau Dewi'n dweud
Bod yr amser wedi dod,
Amser i ddawnsio:
Am fod y gwynt yn gynhesach,
Am fod y gaeaf wedi bod.

Mae seren y sant yn disgleirio
Drwy dywyllwch y gelltydd garw
Drwy'r coed noeth,
Drwy'r rhedyn crin,
Drwy grensian y dail marw.

Mae canhwyllau'r cyhoeddi'n croesawu
Y nerth newydd yn y tir,
Bod dŵr yn y ffynhonnau
I olchi briwiau,
Bod plant heddiw
Yn dal i gofio'r hanes hir.

Ysgol Llanbedrog
a Myrddin ap Dafydd

55

cennin pedr tyddewi

Ers llawer dydd, byddai pobl yn ennill ceiniog neu ddwy yn y gwanwyn drwy gasglu cennin Pedr gwyllt i'w gwerthu yn y farchnad leol. Ac mae'r busnes o werthu cennin Pedr yn parhau hyd heddiw. Mae'r fferm fwyaf yng Nghymru sy'n tyfu cennin Pedr yn digwydd bod o fewn tafliad carreg i Eglwys Gadeiriol Tyddewi. Bob blwyddyn bydd fferm y teulu Perkins yn gwerthu tua miliwn o flodau a 40,000 o fylbiau. Nid cennin Pedr gwyllt yw'r rhain, ond mathau masnachol ag iddynt enwau Saesneg fel 'Touchmaster' a 'Golden Harvest'.

Tua diwedd mis Ionawr rhaid dechrau casglu'r blodau, cyn iddyn nhw agor. Does dim peiriannau sy'n gallu gwneud y gwaith hwn, felly rhaid casglu pob blodyn â llaw, sy'n waith caled iawn! Os ewch chi i farchnadoedd yn Ne Cymru ym mis Chwefror, blodau o Dyddewi sydd fel arfer ar werth. Bydd rhai caeau – tua thraean o'r holl flodau – yn cael eu gadael heb eu casglu bob blwyddyn gan mai bylbiau ifanc ydyn nhw.

Ar ddechrau mis Gorffennaf, wedi i'r dail wywo, rhaid dechrau ar y gwaith o godi'r bylbiau. Bydd yn rhaid dod â nhw i sied i'w glanhau a'u trefnu yn ôl eu maint. Yna, rhaid eu gadael i sychu mewn blychau am dipyn, cyn rhoi'r rhai mwyaf mewn bagiau'n barod i'w gwerthu. Bydd y bylbiau lleiaf yn cael eu plannu yn y caeau unwaith eto pan fydd y tir wedi oeri, tua chanol mis Medi.

Mae bwlb y cennin Pedr yn tyfu drwy'r amser, a hyd yn oed ym mis Gorffennaf mae'n bosib gweld blodyn y flwyddyn nesaf wedi'i ffurfio.

Mae'n addas iawn fod cennin Pedr yn cael eu tyfu mor agos at Dyddewi. Hefyd, bydd y gadeirlan ei hun yn edrych ar ei gorau bob gwanwyn gyda'r holl gennin Pedr sy'n tyfu o'i hamgylch.

GWNEUD CENHINEN BEDR

Offer

Dau ddarn o gerdyn tenau
A4, un gwyrdd ac un melyn.
Darn o gerdyn llai o faint ar
gyfer templed siâp seren.
Pensil
Pìn ffelt
Pren mesur hir
Siswrn bach
Tâp selo
Glud
Pìn cau

Mesurwch stribed
3cm o led i lawr
ochr hir y papur
melyn a'i dorri allan.

Gyda phìn ffelt, gwnewch
ddarlun o siâp seren
a'i dorri allan i wneud
templed.

Rhowch y templed ar y
darn mawr o gerdyn
melyn a thynnu llinell o'i
amgylch â phensil.
Torrwch y siâp allan.

Rholiwch y stribed melyn cul i greu tiwb
bach a'i gau â thâp selo. Gwnewch bedwar
toriad 1 cm o ddyfnder a ffurfio llabedi.

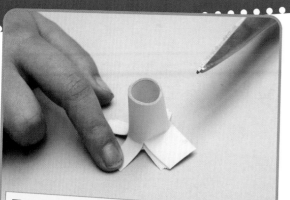

Trowch y rholyn melyn drosodd a gwneud toriadau bychain hanner centimetr o ddyfnder i greu ffrilen fach ar gyfer canol y blodyn.

Gludiwch y llabedi i ganol y siâp seren.

Rholiwch y cerdyn gwyrdd o gwmpas y pensil i greu tiwb, a'i gau â darn o dâp selo. Gwasgwch un pen o'r tiwb a'i dorri i greu siâp dail.

Torrwch linellau syth i lawr hyd at tua 5 cm o waelod y coesyn i greu effaith y dail.

Gludiwch y blodyn wrth y coesyn. Defnyddiwch dâp selo i lynu pìn cau wrth gefn coesyn y genhinen. Gallwch hefyd wneud sawl blodyn i lenwi ffiol neu i greu arddangosfa hardd.

GWISG GŴYL DDEWI

Ar ddydd Gŵyl Dewi i'n hysgol ni
Daw un yn flewog fel Gelert y ci,
Daw Hen Fenyw Cydweli a'i losin du,
A ffermwr mewn clocsiau o'r hen oes a fu;
Owain Glyndŵr a'i gleddyf sgleiniog
A Hywel gyda'i fwyell finiog;
Wali Tomos a'i sbectol wirion
Ac 'Asiffeta!' Mistar Picton;
Gavin Henson a'i wallt llawn jél
A'r Santes Dwynwen a'i chalonnau del;
William Morgan a'i farf hir wen
A geiriau, geiriau lond ei ben;
Siân Lloyd a'i gwallt hetar smwddio
A Jac y Jwc a'i drowsus ddim-yn-ffitio;
Llywelyn Fawr a'i gleddyf fel cawr
A hefyd Bryn Terfel yn ei siwt fawr, fawr;
A phob un yn dathlu a'u lleisiau'n groch
Yn falch o chwifio'r hen ddraig goch.

Myrddin ap Dafydd
a phlant Blynyddoedd 4 a 5,
Ysgol y Gorlan, Tremadog

y WISG GYMREIG

Heddiw, adeg dydd Gŵyl Ddewi, bydd llawer o blant yn mynd i'r ysgol yn gwisgo'r wisg Gymreig. Ond beth yw honno? Rhaid mynd yn ôl ddwy neu dair canrif i gael yr ateb. Yn y cyfnod hwnnw, roedd hi'n bosibl dweud o ble roedd pobl yn dod wrth edrych ar eu dillad. Mae hyn yn amhosibl heddiw, gan fod pawb drwy'r byd, bron, yn gwisgo'r un math o ddillad.

Doedd dim ffatrïoedd mawr yn gwneud dillad cyn y Chwyldro Diwydiannol. Roedd llawer o bobl yn gwneud eu dillad eu hunain gartref, neu'n eu cael nhw fel rhan o'u cyflog. Byddai pobl yn cadw defaid i gael gwlân, a phobl dlawd yn casglu gwlân o'r cloddiau. Ar ôl cardio, lliwio, nyddu a gwehyddu'r gwlân, byddai'r brethyn yn barod i'w dorri i wneud dillad. Roedd patrymau gwahanol gan bob gwlad, a phob ardal, fwy neu lai. Felly roedd y gwisgoedd yn amrywio o le i le. Gwisgoedd y 18fed ganrif a dechrau'r 19eg ganrif yw gwisgoedd traddodiadol y rhan fwyaf o wledydd Ewrop.

Dyma'r dillad olaf oedd yn dangos o ble roedd pobl yn dod. Y rhain y bydd pobl yn eu gwisgo heddiw wrth ddathlu gwyliau cenedlaethol fel dydd Gŵyl Ddewi neu wrth gystadlu yn Eisteddfod Llangollen, er enghraifft.

GWISG GYMREIG I fENYWOD

Beth, felly, yw'r wisg Gymreig draddodiadol? Roedd y wisg i fenywod yn debyg i'r hyn y bydd merched bach yn ei wisgo ar ddydd Gŵyl Ddewi, sef:

■ het uchel – oedd yn ffasiynol yn y trefi yn yr ail ganrif ar bymtheg. Ond roedd hetiau gwellt neu ffelt yn boblogaidd mewn rhai ardaloedd.

■ boned wen – i'w gwisgo o dan yr het, gydag ymyl les.

■ sgert – o frethyn streipiog.

■ pais – weithiau byddai hon fel cwilt plu, ac yn gynnes dros ben.

■ ffedog – o frethyn eto, yn debyg iawn i'r ffedog fodern, ond yn fwy.

■ blows – wen fel arfer.

■ betgwn – o'r gair *bedgown* yn Saesneg, siaced fer â chynffon hir iddi.

■ siôl – roedd rhai siolau'n fach, ac eraill yn llawer mwy, er mwyn magu baban. 'Siôl fagu' oedd yr enw ar y rhain. Gallai'r fam fagu'r baban a gwneud gwaith arall yn y tŷ ar yr un pryd. Byddai siolau gwlân â phatrwm siec yn cael eu gwneud gartref, a siolau â phatrymau arbennig fel rhai *paisley* yn cael eu prynu.

■ clogyn – un mawr oedd yn mynd dros ben popeth. Du neu las tywyll oedd hwn fel arfer yng ngogledd Cymru a Cheredigion, ond coch oedd ei liw fel arfer yn ne a chanolbarth Cymru.

■ sanau – wedi'u gwau o wlân gwyn, llwyd neu ddu. Gwlân y ddafad ddu oedd yn cael ei ddefnyddio'n bennaf i wau sanau yng ngogledd Cymru.

■ esgidiau – pren, neu glocs, gan fod esgidiau lledr yn ddrud. Bydd pobl yn dawnsio dawns y glocsen heddiw, ond y rhain oedd esgidiau bob dydd ers llawer dydd. Os byddai gan rywun esgidiau lledr, bydden nhw'n aml iawn yn gwisgo'r clocs i gerdded i rywle, yna'n eu tynnu a gwisgo'r esgidiau lledr ychydig cyn cyrraedd rhag iddyn nhw faeddu gormod!

Roedd gwahanol batrymau a lliwiau yn y brethyn yn dangos o ble roedd y person yn dod. Er enghraifft, roedd lliw coch, o'r cocos, yn boblogaidd mewn ardaloedd ar yr arfordir. Credai pobl fod brethyn coch yn dwymach ac yn help i wella'r annwyd. Pan geisiodd y Ffrancod lanio yn Sir Benfro yn 1798, cawson nhw ofn o weld pobl mewn gwisgoedd coch wrth yr arfordir. Roedden nhw'n meddwl mai milwyr oedd yno, ond mewn gwirionedd, menywod oedden nhw'n gwisgo clogynnau coch! Byddai Cymry'r canolbarth a'r gogledd yn defnyddio cen o'r creigiau a'r coed i liwio'r gwlân. Felly roedd lliwiau tywyllach i'w brethyn nhw.

Jemeima Niclas

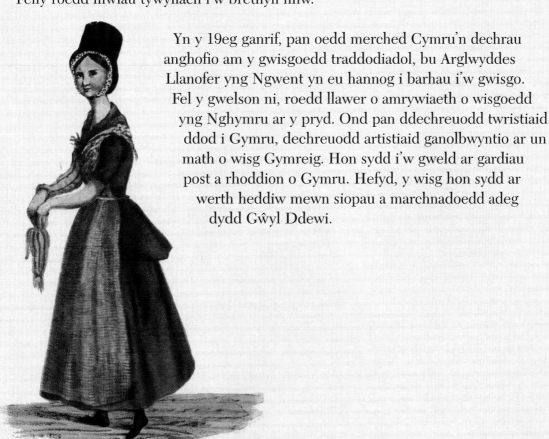

Yn y 19eg ganrif, pan oedd merched Cymru'n dechrau anghofio am y gwisgoedd traddodiadol, bu Arglwyddes Llanofer yng Ngwent yn eu hannog i barhau i'w gwisgo. Fel y gwelson ni, roedd llawer o amrywiaeth o wisgoedd yng Nghymru ar y pryd. Ond pan ddechreuodd twristiaid ddod i Gymru, dechreuodd artistiaid ganolbwyntio ar un math o wisg Gymreig. Hon sydd i'w gweld ar gardiau post a rhoddion o Gymru. Hefyd, y wisg hon sydd ar werth heddiw mewn siopau a marchnadoedd adeg dydd Gŵyl Ddewi.

GWISG GYMREIG I DDYNION

Ond beth am y dynion? Trowsus melfaréd, crys brethyn a 'jercin' frown oedd eu gwisg nhw. Bydden nhw'n gwisgo clocs pren, a'r gwragedd yn gwau'r sanau gwlân. Roedd gwisgoedd y glowyr ychydig yn wahanol, yn las tywyll, gyda 'jercin' lledr. Hefyd gwisgent gap lledr â phig iddo, gyda lle i ddal cannwyll, yr unig olau fyddai ganddyn nhw o dan ddaear.

Mae sôn am feudwy o ardal Llangeler, Sir Gaerfyrddin, sef John James, oedd yn arfer gwisgo cilt o frethyn ar ddechrau'r 20fed ganrif. Roedd e'n honni mai dyma oedd gwisg draddodiadol y Brythoniaid. Erbyn heddiw mae ciltiau o frithwe Gymreig yn boblogaidd iawn. Dechreuodd Canolfannau Brithwe Cymru yn 1996. Cafodd 'Brithwe Dewi Sant' ei ddatblygu ar ôl astudio patrymau mewn siolau ar hen gardiau post. Roedd yn llwyddiant ysgubol, gyda llawer o ddynion yn prynu ciltiau i fynd i briodasau ac achlysuron arbennig. Roedd Melin Wlân y Cambrian yn Llanwrtyd yn brysur tu hwnt.

Wedyn, daeth cais am 50 brithwe newydd. Mae pob un o'r rhain wedi'i henwi ar ôl cyfenw Cymreig – e.e. Jones, Davies, Evans, Owen, Roberts ac ati. Mae siopau yn Ne Cymru'n gwerthu ciltiau, a mannau eraill ledled y byd, o Disney yn Florida i Sydney yn Awstralia.

Erbyn heddiw, bydd oedolion a phlant yn gwisgo pob math o wisgoedd er mwyn dangos eu Cymreictod adeg dydd Gŵyl Ddewi: crysau rygbi, gwisg marchogion Arthur, gwisg Owain Glyndŵr neu ffrog y ddraig goch. Ond mae'r wisg Gymreig 'draddodiadol' yn dal ei thir o hyd.

pice ar y maen

Mae pice bach, neu bice ar y maen, yn fwyd traddodiadol adeg dydd Gŵyl Ddewi. Dyma gymysgedd sy'n ddigon i wneud tua 45 o bice:

Cynhwysion

500g o flawd codi
125g o fenyn neu fargarîn
125g o fraster llysiau
200g o siwgr
200g o gwrens
2 wy

Dull

1 Rhoi'r radell ar y stôf i dwymo ymlaen llaw.

2 Rhidyllu'r blawd codi i bowlen fawr.

3 Rhwbio'r menyn neu'r margarîn a'r braster llysiau i'r blawd nes bod y cyfan fel briwsion bara.

4 Ychwanegu'r siwgr a'r cwrens.

5 Gwneud twll neu bydew yng nghanol y cymysgedd. Curo'r ddau wy, yna eu harllwys i'r pydew.

6 Defnyddio fforc i gymysgu'r cyfan yn raddol. Erbyn y diwedd, dylai'r cymysgedd ddod yn belen fawr, sy'n codi'n lân o'r bowlen. Os nad ydych eisiau bwrw ymlaen â'r gwaith o rolio'r cymysgedd, torri a choginio'r pice, gallwch gadw'r belen o does yn y cwpwrdd oer am ddiwrnod neu ddau.

7 Rhoi ychydig o flawd dros y man lle byddwch yn rholio'r toes.

8 Torri'r toes yn ei hanner, fwy neu lai, ac yna ei rolio â rholbren yn gylch mawr nes ei fod tua hanner i dri chwarter centimetr o drwch.

9 Defnyddio torwyr bach crwn i dorri'r pice.

10 Rhoi'r pice ar y radell yn ofalus, a'u coginio am ryw 3 munud bob ochr. Ond bydd angen cadw llygad arnynt, rhag ofn iddynt losgi!

11 Eu gadael i oeri, a'u gweini gyda siwgr. Bydd rhai pobl yn taenu menyn arnynt hefyd!

BANER Y DDRAIG GOCH

Y Rhufeiniaid ddaeth â'r ddraig goch i Gymru. Roedd y milwyr Rhufeinig yn defnyddio draig fel baner (draco yn Lladin). Roedd pen y ddraig wedi'i wneud o fetel ac wedi'i osod ar ben polyn. Yna, byddai darn o ddefnydd fel tân yn dod o'r geg, gyda sŵn chwibanu a mwg yn chwythu ohoni. Pan adawodd y Rhufeiniaid Gymru yn y bumed ganrif, mae'n debyg i rai o'r swyddogion a'u baneri aros yma.

Roedd gan y Sacsoniaid ddraig wen ar eu baner nhw, ac mae un o chwedlau enwog Cymru'n sôn am frwydr rhwng draig goch Cymru a draig wen Lloegr. Roedd y Brenin Gwrtheyrn yn ceisio codi caer newydd yng Ngwynedd. Ond bob tro y byddai'n codi muriau ar y seiliau, byddai'r cyfan wedi dymchwel erbyn y bore. Roedd hyn yn ddirgelwch mawr, felly gofynnodd Gwrtheyrn i'w wŷr doeth beth i'w wneud. Eu cyngor nhw oedd y dylai Gwrtheyrn chwilio am fachgen heb dad. Byddai'n rhaid aberthu'r bachgen ac arllwys ei waed dros y seiliau. Wedyn, byddai'n gallu adeiladu'r gaer. Ar ôl hir chwilio, dyma nhw'n dod o hyd i fachgen fel hyn yn chwarae pêl yng Nghaerfyrddin, sef Emrys Wledig. Mae'n amlwg fod Emrys yn fachgen arbennig iawn, gan iddo ddweud wrth y gwŷr doeth fod llyn o dan seiliau'r gaer. Yn y llyn roedd dwy ddraig yn byw, un goch ac un wen, ac wrth iddyn nhw symud yn eu cwsg, roedd y muriau'n cwympo.

Dyma Gwrtheyrn a'i ddynion yn tyllu'n ddwfn i'r ddaear, ac yn wir, dyma weld y llyn roedd Emrys wedi sôn amdano. Ar ôl ei wacáu, daeth y ddraig goch a'r ddraig wen i'r golwg. Dihunodd y ddwy, a dechrau ymladd yn ffyrnig. Y ddraig goch oedd yn fuddugol yn y diwedd.

Aeth Gwrtheyrn ati i godi castell mewn man arall, sef Nant Gwrtheyrn, ond penderfynodd Emrys adeiladu ei gastell ef ar y bryn hwnnw lle bu'r dreigiau'n ymladd. Dinas Emrys yw enw'r bryn o hyd.

Efallai bod y frwydr rhwng y ddraig goch a'r ddraig wen yn symbol o'r brwydro a fu rhwng y Cymry a'r Saeson ar hyd y canrifoedd. Mae sôn bod y Brenin Arthur yn cario baner y ddraig goch wrth fynd i frwydro yn erbyn y Sacsoniaid.

'y Ddraig Goch ddyry cychwyn'

Bu beirdd Cymru'n defnyddio'r ddraig wrth foli eu harweinwyr, er mwyn dangos eu cryfder a'u dewrder. Wedi'r cyfan, pa anifail sy'n fwy ffyrnig na draig? Er enghraifft, soniodd Meilyr Brydydd fod Gruffydd ap Cynan 'fel draig Gwynedd' a chafodd Llywelyn ap Gruffudd ei ddisgrifio gan Gruffudd ab yr Ynad Coch fel hyn: 'Pen dragon, pen draig oedd arnaw'.

Pan gurodd Harri Tudur o Gymru'r Brenin Richard y Trydydd ar faes Bosworth yn 1485, mae'n debyg fod ganddo ddraig goch ar faner enfawr. Bu'r ddraig hefyd yn rhan o arfbais frenhinol y Tuduriaid, ond diflannodd adeg y brenin Iago'r Cyntaf a daeth uncorn yn ei lle.

Dechreuodd y Ddraig Goch gael ei defnyddio eto fel arwyddlun brenhinol Cymru yn 1807. Byddai cymdeithasau Cymreig yn ei defnyddio'n aml fel arwyddlun. Tua hanner can mlynedd sydd ers i'r Ddraig Goch ddod yn symbol swyddogol. Mae'r arwyddair 'Y Ddraig Goch ddyry cychwyn' yn dod o gerdd Deio ab Ieuan Ddu, yn gofyn i Siôn ap Rhys, Glyn-nedd am anrheg o darw.

Baner Draig Aur Owain Glyndŵr

Mae baner arall sy'n gysylltiedig ag Owain Glyndŵr, sef Draig Aur yn sefyll ar ei thraed ôl. Mae'n debyg i fyddin Owain orymdeithio o dan faner yn cynnwys draig aur ar gefndir gwyn wrth ymosod ar gastell Caernarfon yn 1401, 1403, a 1404. Bu Owain Glyndŵr yn aflwyddiannus bob tro. Ond digwyddodd rhywbeth arbennig yn 2004, chwe chan mlynedd wedi ymosodiad olaf Glyndŵr. Rhoddwyd hawl i faner Glyndŵr gael ei chwifio o un o dyrau Castell Caernarfon bob blwyddyn o hynny allan. Bu aelodau o Lysgenhadaeth Glyndŵr yn gorymdeithio drwy strydoedd Caernarfon. Yna, aethon nhw i mewn i'r castell i godi'r faner ac ymddangos yn eu gwisgoedd lliwgar 'i gyflwyno'r Ddraig Aur i'r Cymry'. Mae'n siŵr y byddai Owain Glyndŵr wedi bod wrth ei fodd!

y ddraig heddiw

Mae'r ddraig yn dal i gael ei defnyddio ar lawer o logos heddiw, er enghraifft:

- pen ac adenydd y ddraig yn rhan o logo tîm rygbi Scarlets Llanelli
- dwy ddraig goch ar arfbais tîm pêl-droed Wrecsam
- cwmni dodrefn 'Pendragon Furniture'
- canolfannau gwybodaeth Croeso Cymru.

baner dewi sant

Mae Baner Dewi Sant yn seiliedig ar arfbais esgobion Tyddewi, sef croes aur ar gefndir du. Ar y faner mae 5 pumbys, yn cynrychioli'r rhosyn a fyddai'n arfer tyfu ar hyd arfordir Sir Benfro – 'Rhosyn Dewi'. Aur a du oedd lliwiau Rhys ap Tewdwr, brenin De Cymru, pan ysgrifennodd Rhygyfarch Buchedd Dewi yn yr 11eg ganrif. Mae'r faner hon wedi cael ei defnyddio er 1939.

Dathlu Dydd Gŵyl Ddewi Heddiw

Mae pob math o bethau'n digwydd heddiw
i ddathlu dydd Gŵyl Ddewi.
Dyma rai enghreifftiau:

- cyngerdd dydd Gŵyl Ddewi
- cawl a chân
- eisteddfod
- darlith am hanes Cymru neu
  Dewi Sant
- cinio gyda siaradwr gwadd
- ras 5km Gŵyl Ddewi ym Mharc Bute, Caerdydd
- Ras Hwyl Guto, Aberystwyth

Gwasanaeth Gŵyl
Ddewi yn y Gadeirlan

Bydd ysgol Dewi Sant, Llanelli, yn dathlu dydd Gŵyl Ddewi
a phen-blwydd yr ysgol hefyd bob Mawrth 1af, gan i'r
ysgol gael ei hagor ar y dyddiad hwnnw yn 1947. Y peth
cyntaf sy'n digwydd bob blwyddyn yw cynnal
gwasanaeth arbennig, gyda phob dosbarth yn
cyfrannu eitem. Bydd gwaith celf yn cael ei
arddangos yn ystod y bore a'r enillwyr yn cael
eu gwobrwyo. Y prif ddigwyddiad yw
seremoni'r cadeirio, pan fydd beirniad yn
cyhoeddi pwy yw prif lenor yr ysgol. Ar
ganiad y corn gwlad, bydd yr enillydd yn codi
ac yn derbyn cadair am y darn o farddoniaeth
neu ryddiaith orau'r flwyddyn honno.

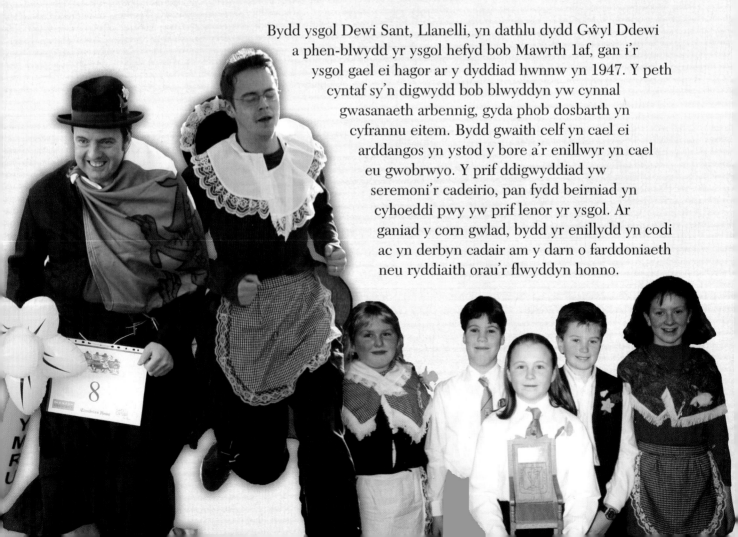

Bydd S4C yn dathlu Gŵyl Ddewi drwy gynnal cystadleuaeth 'Cân i Gymru' bob blwyddyn, a chystadleuaeth Côr Cymru bob dwy flynedd.

Bydd nifer o lyfrau Cymraeg yn cael eu cyhoeddi adeg Gŵyl Ddewi, sy'n digwydd bod tua'r un adeg â Diwrnod Rhyngwladol y Llyfr.

Yn 2005 lansiodd y canwr Aled Jones ei hunangofiant ar ddydd Gŵyl Ddewi.

Bydd bwydydd a chynnyrch arbennig yn cael eu lansio, er enghraifft, Cwrw Dewi Sant neu Hufen Iâ Dewi Sant!

Gwasanaeth Gŵyl Ddewi yn Nhyddewi

GORYMDEITHIAU GŴYL DDEWI

Mae gorymdaith wedi cael ei chynnal yng Nghaerdydd ar ddydd Gŵyl Ddewi ers nifer o flynyddoedd. Dyma gyfle i bobl Cymru gyfan ymuno â'i gilydd i ddathlu, fel mae'r Gwyddelod yn ei wneud. Mae gorymdaith hefyd yn cael ei threfnu ym Mae Colwyn. Yn 2005 bu'n rhan o wythnos o weithgareddau i ddathlu Gŵyl Ddewi – gweithgareddau fel sioe ffasiwn, cymanfa, gwasanaeth, cyngerdd a noson lawen.

Gorymdaith Bae Colwyn

Gorymdaith Caerdydd

ᐅewi ꜰel enw

Mae Dewi'n dal yn enw poblogaidd iawn heddiw,
bron i fil pum cant o flynyddoedd ers cyfnod
Dewi Sant.

Dau ddisgybl Ysgol Gymraeg Dewi Sant, y Rhyl, o'r enw Dewi.

Dewi Pws

Dathlu Gŵyl Ddewi
yn y Gilfach Ddu

Yma o hyd mae'r cennin
yng nghanol rwbel y chwarel
yn llachar yn y llechi llwyd
mewn gwydrau yng nghaffi'r Ffowntan
yn addurno byrddau bwyd.

Yma o hyd mae'r cennin
yn dangos yr hollti a'r naddu
y drafal a'r ebill dur
a chanu a gwres y caban
a chwys a chwerthin y gwŷr.

Yma o hyd mae'r cennin
yn croesawu adar diarth
Moch Môn, Lloi Llŷn a Jac Do
fu'n troi'r fargen galed
yn lloches gynnes un tro.

A heddiw mae'r ddraig ar y llechi
a chawl a thelyn a chân;
a thrwy ddrws agored echdoe
awn i mewn i'r hen dŷ at y tân:
yn ein calon mae'r cennin.

Ysgol Dolbadarn
gyda Meirion McIntyre Huws
a Myrddin ap Dafydd

dathlu dydd Gŵyl ddewi dramor

Mae dydd Gŵyl Ddewi'n gyfle i bobl sy'n byw dramor gofio am Gymru. Bydd llawer o Gymdeithasau Cymreig dros y byd i gyd yn cwrdd er mwyn dathlu mewn llawer o wahanol ffyrdd:

Taiwan

- Mae Cymdeithas Gymreig America Gogledd Califfornia yn cynnal Cymanfa Ganu, a bydd tua 200 o bobl yn dod. Mae 'te bach' i'w gael wedi i'r Gymanfa orffen.

- Bydd llawer o gymdeithasau yn cynnal Cinio Gŵyl Ddewi, yn America a ledled y byd: Cymdeithas Pittsburgh, Pennsylvania, Cymdeithas Gymraeg Arizona a Chymdeithas Gymraeg Hong Kong.

- Bydd Cymry Melbourne, Awstralia, yn cynnal 'Prynhawn Llawen'. Bydd hyn yn cynnwys cinio, sgwrs, cân, telyn, grŵp gwerin, a darllen barddoniaeth a rhyddiaith yn Gymraeg.

Gwlad Groeg

- Bydd Cymdeithas Cymry Manceinion yn cynnal cyngerdd gyda chôr meibion o Gymru ac eitemau eraill. Ar ddiwedd y cyngerdd, bydd pawb yn canu emyn Cymraeg poblogaidd ac yna Hen Wlad fy Nhadau – wrth gwrs! Bydd capeli Cymraeg drwy'r ardal yn dathlu drwy wrando ar bregeth Gŵyl Ddewi gan weinidog o Gymru, neu drwy gael cinio neu ddathlu yn y capel ei hun a chael aelodau i gymryd rhan mewn cyngerdd bach 'Brethyn Cartref'.

- Cafodd Cymdeithas Gymraeg Taiwan gyngerdd gyda Bryn Terfel yn 2004.

- Yn 2005, bu Cymdeithas Gymraeg Chicago (*The Chicago Tafia Welsh Society*) yn dathlu gyntaf drwy wylio tîm rygbi Cymru'n curo Ffrainc. Yna, cawson nhw ginio Gŵyl Ddewi ac ocsiwn arbennig o nwyddau Cymreig fel Aur Rhiannon, Brithwe Dewi Sant, cerddoriaeth, a darlun o dîm rygbi Cymru'n curo Lloegr. Hefyd, buon nhw'n ymweld â phlant sâl mewn ysbyty yn Chicago, gan roi draig fach yr un iddyn nhw, fel y byddan nhw'n brwydro'n ddewr fel draig yn erbyn eu salwch.

- Bydd bwydydd o Gymru'n cael eu hyrwyddo dramor mewn Wythnosau Cymreig, er enghraifft yn Efrog Newydd, Dubai, Paris a Brwsel.

- Mae Disneyland Paris yn dathlu dydd Gŵyl Ddewi, gan fod un o'r rheolwyr yn dod o Gymru.

Canada

Hong Kong

Yr Iorddonen

mynegai